Frauengottesbilder

FRAUENBIBELARBEIT

Herausgegeben von
Bettina Eltrop, Anneliese Hecht,
Hedwig Lamberty-Zielinski, Gabriele Theuer

Band 6

# FRAUEN -gottesbilder

Verlag Katholisches Bibelwerk Stuttgart
KlensVerlag Düsseldorf

Die Deutsche Bibliothek – CIP-Einheitsaufnahme

**Frauengottesbilder** / Bettina Eltrop ; Anneliese Hecht (Hrsg.). –
Stuttgart : Verl. Kath. Bibelwerk;
Düsseldorf : Klens-Verl., 2001
(FrauenBibelArbeit ; Bd. 6)
ISBN 3-460-25286-3
ISBN 3-87309-188-7


Umschlaggestaltung: Jutta Bost, Ostfildern

Gesamtherstellung: Wilhelm Röck, Weinsberg

ISBN 3-460-25286-3 (Verlag Katholisches Bibelwerk)
ISBN 3-87309-188-7 (KlensVerlag)

# Inhaltsverzeichnis

# Vorwort

Texte und Gebete für Frauenkreise und Frauen-Liturgien der vergangenen Jahre zeigen, dass die Frauen sich aufgemacht haben, ihre Gottesbeziehung und -vorstellung authentisch zu beschreiben. Sie belegen die Suche nach einer kirchlichen Sprache, die Männer und Frauen gleichermaßen anspricht und die theologisch begründet ist – häufig in Aufnahme biblischer Sprachbilder: Gott wird so von Frauen heute vermehrt angesprochen als ruach/Geistkraft (Gen 1; Jes 11; Ez 37 u. a.), als Weisheit (Spr 8, Sir 24 u. a.), als Mutter (Hos 11; Jes 49,15), u. a.

Frauen finden in der Bibel eine Grundlage für ihr Sprechen. Erst langsam entdecken wir die Fülle von Bildern und Gleichnissen, mit denen die Bibel von Gott erzählt: Gott erscheint in der bildlichen Sprache der Bibel als Löwe, Adler, Mutter und Hebamme – ja sogar als fegende Hausfrau! Geläufiger sind vielen Frauen sicherlich andere Bilder, mit denen sie von Kindesbeinen an aufgewachsen sind: Vater, König, Hirt, Richter! Dennoch schließen sich diese Bilder nicht gegenseitig aus: Von und zu Gott können wir als Vater, als Fels, als König, aber *eben auch* als Mutter, als Geistkraft, als Weisheit, ... sprechen. All diese Bilder korrigieren und ergänzen sich gegenseitig. Sie sprechen gegen die auch heute existierende Versuchung, Gott definieren und begrenzen zu wollen, ein bestimmtes Bild von Gott zementieren zu wollen und dabei zu vergessen, dass Gott letztlich nicht verfügbar ist.

**Frauen-Gottesbilder** haben wir diesen Band genannt. Damit wollen wir einerseits den Reichtum beschreiben, den wir in der Gottesrede vieler Frauen heute entdecken können. Deshalb behandelt dieser Band auch nicht nur weibliche Gottesbilder der Bibel, sondern auch eine vielen Frauen wichtige und vertraute Gottesbezeichnung: Vater. Auch das Bilderverbot, die Frage der Gottebenbildlichkeit von Mann und Frau und Erkenntnisse über die Göttinnenverehrung in biblischer Zeit haben wir in diesen Band aufgenommen. Schließlich wollten wir aufzeigen, wie auch schon biblische Frauen ihre Gottesbeziehung authentisch gestalteten (vgl. z.B. den Beitrag von Heike Bierschwale und Marlis Gielen). Um die guten Erkenntnisse in die Praxis zu übersetzen, finden Sie neben den praktischen Bibelarbeiten eine methodische Anleitung, wie Gebet in der Gruppe vielfältig gestaltet und ermöglicht werden kann.

*Bettina Eltrop*

*Annedore Barbier-Piepenbrock*

# Gott Vater kann nicht alles sein

Frauen und Gottesbilder heute

Heute nehmen Frauen nicht mehr selbstverständlich hin, dass im Gottesdienst Texte und Sprache rein männlich geprägt sind. Sie suchen innerhalb und außerhalb der Kirchen nach einem eigenen Weg, ihren Glauben zu leben und auszudrücken. Frauen sind selbstbewusst geworden. Und mit diesem Selbstbewusstsein gehen Veränderungen einher.

Frauen bringen zunehmend ihre Empfindungen und Wünsche, ihre Lebens- und Glaubenserfahrungen ein, sie verwenden eigene Formulierungen für Texte und Gebete, ohne sich „von oben" Erlaubnis zu holen.

Frauen wollen Mitsprache und fordern eine Sprache in Liturgie und Kirche, die sie als Frauen nicht mit-meint, sondern unmittelbar anspricht und sie selbst sprechen lässt. Eine Sprache, in der sie sich wiederfinden mit ihrem Leben und ihren Erfahrungen als Getaufte, als Christinnen, als Trägerinnen des Glaubens und Subjekte der Seelsorge.

## *Tradierte Gottesbilder*

In unserer kirchlichen Tradition war es üblich, in der Gottesdienst- und Kirchensprache vorwiegend männliche Bezeichnungen für Gott zu verwenden wie Herr, König, Richter, Herrscher. Besonders der Vatername Gottes hat das Gottesbild in der katholischen Kirche stark geprägt. Frauen verwenden seit Jahrhunderten diese überlieferten Begriffe und Namen für Gott. In vielen dieser Bilder liegt eine reiche Glaubensgeschichte, in der Menschen eine intensive Beziehung zu Gott gelebt und gefunden haben. Doch viele Frauen spüren heute, dass sie in dieser einseitigen Form nicht mehr zur Befreiung, Heilung und Lebendigkeit führen. Es fehlt in diesen Bildern die Bezugslinie zu eigenen Lebenserfahrungen. Frauen suchen nach Formulierungen, in denen sich eine Verbindung zu ihrer eigenen Lebenswelt herstellen lässt.

Frauen erleben innerhalb der Kirche eine männlich geprägte Hierarchie. Sowohl die drei göttlichen Personen „der Vater – der Sohn – der Heilige Geist" als auch die kirchlichen Amtsträger „der Papst – der Bischof – der Priester – der Diakon" verkörpern das männliche Prinzip als das gültige Prinzip. Diese Vorstellungen von männlich-göttlicher Macht und Überordnung haben in unserer Geschichte vielfach ungerechte Strukturen gefestigt und legitimiert, in denen Frauen unterdrückt und benachteiligt wurden.

## *Schwierigkeiten mit Gottesnamen*

Manche Frauen haben mit tradierten Gottesbildern Probleme, da diese Vorstellung sie an bedrückende, einengende und gewaltsame Lebenssituationen erinnern. Wenn eine Frau mit ihrem Vater negative Erfahrungen gemacht hat, wenn sie missbraucht oder geschlagen worden ist, können sich diese tiefen Verletzungen auf ein Vater-Gottesbild übertragen. Sr. Máire Hickey OSB empfiehlt für die Begleitung dieser Menschen: „Ich denke, dass es sehr wichtig ist, mit Menschen mit solchen Vater-Erfahrungen einen langen Weg zu gehen und Gott als Vater dabei erst einmal aus dem Bild zu lassen."

Es geht in keiner Weise darum, das Gottesbild in männlich und weiblich aufzuspalten oder ein nur für Frauen und nur für Männer gültiges Gottesbild zu entwerfen. Diese Versuche wären eine Teilung, eine Begrenzung des allumfassenden Gottes.

Schon am Anfang der Bibel werden Frau und Mann gleichermaßen als Abbild Gottes benannt: „Gott schuf den Menschen nach seinem Ebenbild, als Mann und Frau schuf er sie." (Gen 1,27) Demnach ist es berechtigt, dass Frauen nach dem Anteil in Gott suchen, in dem sie sich in ihrer Weiblichkeit wiederfinden können

## *Suche nach neuen Gottesbildern*

Auf diesem Weg erleben wir Frauen sehr unterschiedlich. Manche Frauen übernehmen die tradierten Bilder von Gott und ergänzen sie mit Bildern und Namen, in denen sie sich als Frau und Mutter, als Freundin und Schwester entdecken. Anderen Frauen fällt es schwer, neue Formulierungen für Gott zu verwenden. Begleitet von der Angst, etwas Unerlaubtes zu tun, brauchen sie Zeit, um sich von lange Gewohntem zu lösen und es zu gestalten. Es ist wichtig, Frauen auf diesem Weg behutsam zu begleiten und die Unterschiedlichkeit zuzulassen und auszuhalten. Die Vielseitigkeit von Frauen, ihre Individualität, ihre Prägung, ihre verschiedenen Lebenssituationen und Lebensphasen spiegeln sich eben auch in einem differenzierten Gottesbild wider.

Manche Frauen entfernen sich dabei ganz von der Vorstellung eines personalen Gottesbildes. Sie finden für Gott Begriffe, die für sie etwas vom allumfassenden Wesen Gottes ausdrücken, z. B. Gott ist für mich wie eine Quelle, wie das Licht, wie die Sonne.

## *Ganzheitliche Gotteserfahrungen*

Wo können Frauen heute Erfahrungen mit neuen, mit befreienden und lebendigen Gottesbildern machen? Wie können sie spüren, welche Gottesbilder sie berühren und verwandeln? Frauen machen sich auf den Weg, wie es Frauen immer schon taten, wie Rut und Noomi oder wie die Frauen, die zum Grab gingen, wie Maria Magdalena, Johanna und all die anderen Frauen in der Nachfolge Jesu.

### *Tanz und Bewegung*

Frauen sind heute auf der Suche nach ganzheitlichen Glaubenserfahrungen. Sie wollen ihre Spiritualität nicht nur im Kopf vollziehen, sondern mit ihrem ganzen Körper. So drücken Frauen in liturgischen Tänzen oder Bewegungselementen ihren Glauben körperlich aus. Frauen spüren darin, dass sie in ihrem ganzen Frausein gemeint sind, in ihrer konkreten Lebenssituation, mit „Bauch und Kopf".

Solche Erfahrungen haben Frauen bei einem Tanz gemacht, der das Erleben der Maria Magdalena am leeren Grab aufgreift. Es gibt einen Hinweg in die Kreismitte mit offenen Händen, eine Begegnung am Grab und einen Rückweg, bei dem eine Hand offen bleibt, die andere das Herz berührt. In dieser symbolhaften Gestik fanden die Teilnehmerinnen ihr eigenes Suchen und Fragen nach Gott wieder. Unsicher machen sie sich auf den Weg, das Bisherige hat auf einmal keine Gültigkeit mehr. Sie lassen sich ansprechen, beim Namen nennen. Sie werden im Innersten berührt von Gott und in ihrer Einzigartigkeit angenommen.

Durch dieses Berührtsein, diese Verwandlung gehen sie zurück, bewegt aber verändert und mit dem Auftrag „Doch geht nun hin und verkündet seinen Jüngerinnen und Jüngern" (Mk 16,7).

### *Lieder und Texte*

Lieder und Texte sind eine gute Möglichkeit, lebendige Erfahrungen mit anderen Gottesbildern auszuprobieren. Wenn Frauen hören, sprechen oder singen, was andere Frauen formuliert haben, können sie nachfühlen und für sich überprüfen, ob dieses Bilder in ähnlicher Weise bei ihnen anklingen. Sie können nachvollziehen, wie Frauen sich auf die Suche nach Gott gemacht haben, wie „Vorgängerinnen" mit Formulierungen und Ausdrücken gerungen haben und können diese Gottesbilder übernehmen oder verändern.

In dem Lied „Deine Güte liegt wie eine zärtliche Hand auf meinem Leben ..." werden weibliche Bezeichnungen für Gott verwendet (Freundin, Mutter, Schwester). Wir haben Frauen erlebt, die in dem Lied die für sie passenden Gottesbilder gefunden haben, aber auch Frauen die mit diesen neuen Formulierungen eher Schwierigkeiten haben.

## *Feministische Theologie und Bibelauslegung*

Frauen haben starkes Interesse daran, Forschungsergebnisse feministischer Theologinnen und Exegetinnen zu hören und zu lesen. Zahlreiche Veröffentlichungen, Bildungsveranstaltungen und Vorlesungen bezeugen dies landauf landab. Das Gottesbild kann ganz neue Facetten bekommen, wenn Wissenschaftlerinnen mit der weiblichen Perspektive an Textstellen herangehen und auslegen.

## *Ist Gott unsagbar?*

Der im 15. Jahrhundert lebende Philosoph Nikolaus Cusanus, der mit seinen Lehren den Beginn der Neuzeit einleitete, hat einen Dialog über den verborgenen Gott verfasst, in dem ein Christ und ein Heide versuchen, Aussagen über Gott zu machen. Auf die Frage des Heiden, ob man Gott überhaupt benennen kann, antwortet der Christ: „Gott ist unaussprechbar, weil alles, was auch immer genannt wird, nur ein Geringes gegenüber seiner unbegreiflichen Größe ist. Aber Gott ist über alles hinaus sagbar, da er der Urgrund alles Nennbaren ist. Der anderen den Namen verleiht, kann nicht ohne Namen sein."

So bewegen wir uns bei dem Versuch, Gott beim Namen zu nennen, in einem Dilemma: Gott bleibt für uns Menschen unfassbar, unbeschreibbar. Gott ist viel mehr und ganz anders als wir Menschen uns mit unseren begrenzten Möglichkeiten vorstellen können. Es bleibt der Versuch, die uns übersteigende Göttlichkeit in unsere begrenzte, menschliche Wirklichkeit zu holen.

Doch weil Gott uns beim Namen nennt, unserer Menschlichkeit Würde und Ansehen verleiht, haben wir das Bedürfnis, von Gott zu reden, uns Gott vorzustellen in einer Form, die für uns be-greifbar ist. Wir wollen in Beziehung treten, Gott ansprechen, unsere Fragen stellen. Wir brauchen eine Adresse.

So benötigen wir in diesem anbrechenden Jahrtausend ein Gottesbild, das uns Menschen in unserer Unterschiedlichkeit anspricht. Wir suchen einen Gott, der unseren Namen kennt und in dem wir uns wiederfinden können. Wir brauchen ein Gottesbild, das nichts und niemanden ausschließt, das nicht begrenzt und einengt, ein Gottesbild, in dem die befreiende und positive Botschaft Gottes lebendig wird. Wenn Gott die überströmende Liebe ist, die unfassbare Größe, das unendlich Weite, dann haben alle Gottesbilder, ob männlich oder weiblich geprägt, ob in Bildern oder Symbolen, ob gesungen, getanzt, gesprochen oder gestammelt, in Gott ihren Platz.

## *Am Schluss bleibt ein Schweigen und Hören*

Und letztlich bleibt es ein Stammeln, ein nie endendes Suchen und Fragen der Menschen, der Frauen und Männer nach einem Gott, der in ihrem Jetzt gegenwärtig ist.

Abschließen möchte ich mit den Erfahrungen einer langjährigen Mitarbeiterin in der Frauenarbeit, die im letzten Jahr durch eine schwere Krankheit und den Tod ihrer Tochter an die Grenzen ihrer Gottesbeziehung gekommen ist:

„Mein Gottesbild hat sich im Laufe meines Lebens immer wieder verändert. Je nachdem wie es mir ging, habe ich mehr zu einem männlichen oder weiblichen Gott gesprochen. Das hat sich auch unmittelbar in meinen Formulierungen, meinen Anreden ausgedrückt. Als es mir sehr schlecht ging und ich Sehnsucht nach Geborgenheit hatte und von Gott gehalten werden wollte, habe ich gerufen: Du Gott, Du Mutter, nimm mich an Deine Brust, halte mich fest in Deinen Armen.

Insgesamt fließen die Bilder bei mir zusammen, sie überschneiden sich. Je intensiver und tiefer meine Beziehung zu Gott ist, um so größer wird meine Schweigen. Und dann höre ich nur noch und ich lasse es lange ruhen, bis nach dem Schweigen wieder etwas Neues in mir entsteht."

LITERATUR

*Schwester Máire Hickey OSB,* Heilende Bilder von Gott-Vater entdecken, in: „Als Mann und Frau schuf Gott sie", hg. vom Beauftragten der Deutschen Bischofskonferenz, Bonn 1999

*Barbara Lehner,* Jene Gegenwart, die ist, in: FAMA, 3/1998

*Irene Löffler,* Unsere Spiritualität entdecken und feiern, Mainz 1996

*Luise Schottroff, Marie-Theres Wacker* (Hg.), Kompendium feministische Bibelauslegung, Gütersloher Verlagshaus, Gütersloh 1998

DANKSAGUNG

Meine Kollegin Dietlind Schaale und ich haben Frauen bei Veranstaltungen der kirchlichen Erwachsenenbildung, in Frauengruppen, auf Seminaren, in Frauenliturgien und Weltgebetstagsfeiern erlebt und begleitet. Wir haben unsere Eindrücke und Erfahrungen in einem Gesprach zusammengetragen. Ihr danke ich fur die Anregungen und Gedanken, die in diesen Beitrag eingeflossen sind.

# Meine Freundin

Original-Tonart: Eb-Dur (Capo 1. Bund)

2. Deine Sanftmut liegt wie ein großer, warmer Schal auf meinen Armen.
Gott, meine Mutter, Du gibst in mich Ruhe und Kraft -
und in der Erde wurzelt mein Erbarmen.

3. Deine Stärke liegt wie eine gürtende Kraft um meine Seiten.
Gott, stolze Schwester, Du hauchst in mich Aufstand und Recht -
und in den Frieden werd ich Dich begleiten.

4. Deine Güte liegt wie eine zärtliche Hand auf meinem Leben.
Gott, meine Freundin, Du berührst mir Seele und Leib -
und in den Himmel wachs ich Dir entgegen.

*Text: Sybille Fritsch, Musik: Fritz Baltruweit 1994*

*Ulrike Bechmann*

# Gott zur Sprache bringen

Weibliche Gottesbilder in der Bibel

„Du sollst Dir kein Bildnis machen!" Diese Forderung des ersten der zehn Gebote steht auf den ersten Blick in einem merkwürdigen Gegensatz zu dem, was in den Kirchen an Glaubensleben vorhanden ist. Denn einerseits wird dieses Gebot gelehrt, andererseits aber begleiten und prägen sprachliche wie darstellerische Bilder die kirchliche Verkündigung. Viele Kirchenräume (besonders die katholischen) erhalten ihren Schmuck aus Kunstwerken, die Gott verkünden wollen; die Bibel selbst wie Predigten und Bücher quellen über von sprachlichen Gottesbildern. Wie soll man die Balance halten: einerseits die Größe und das Unvergleichliche Gottes jenseits allen Menschlichen sein zu lassen und andererseits doch Gott zur Sprache zu bringen? Diese Frage hat Menschen immer neu beschäftigt und zu den unterschiedlichsten Antworten geführt. Dieses erste Gebot setzte zuweilen großen religiösen Eifer frei (etwa im „Bildersturm" im 7. Jh.), der letztendlich auch vor Gewalt gegen Bilder, Kunstwerke und Menschen nicht zurückschreckte, um durchzusetzen, dass es kein Bild von Gott geben sollte. Die radikalen Lösungen blieben Zwischenstationen der Kirchengeschichte. Aber was heißt das Gebot für uns heute? Müssen wir auf Bilder in der Rede von Gott verzichten?

Ein Blick in das Gotteslob (GL 61) und das Evangelische Gesangbuch (EG 905,1) zeigt: In der kirchlichen Verkündigung lässt man den Satz „Du sollst dir kein Bildnis machen", der zum ersten Gebot gehört, weg. Dort geht es nur noch darum, keine anderen Götter zu haben. Die Erläuterungen dazu fordern die Liebe und das Vertrauen zu dem einen Gott, der Vater, Sohn und Geist ist. Wo ist das Bild oder Bildnis geblieben, das wir uns nach dem ursprünglichen biblischen Text der Gebote nicht machen dürfen?

Sicherlich bedarf das Gebot einer Erklärung. Was soll man sich unter einem Bildnis oder gar Gottesbild (EÜ) vorstellen, das verboten ist? Heißt es, dass man keine Bilder verwenden darf, wenn man von Gott *redet*? Wie ist dann die Suche nach weiblichen Gottesbildern einzuschätzen? Es lohnt ein Blick auf den Bibeltext und in die Zeit, in der er entstanden ist, um das Gebot zu verstehen. Von dort aus kann man auch den Weg zu den weiblichen Gottesbildern in der Bibel beschreiten.

## *Der Hintergrund des Bilderverbots*

Ein Vergleich zwischen der revidierte Lutherübersetzung (1984) und der Einheitsübersetzung (1980) zeigt, dass beide Ausdrücke verwenden, die so interpretiert werden können, als dürfe man sich keine Vorstellung machen:

Einheitsübersetzung: *Du sollst dir kein Gottesbild machen und keine Darstellung von irgend etwas am Himmel droben, auf der Erde unten oder im Wasser unter der Erde. Du sollst dich nicht vor anderen Göttern niederwerfen und dich nicht verpflichten, ihnen zu dienen. (Ex 20,4–5)*

Die Einheitsübersetzung mit ihrer Wendung „keine Darstellung" kommt mit dem Wort „Darstellung" dem nahe, was das hebräische Wort meint. Die Übersetzung „Gottesbild" kann aber so verstanden werden, als ob man kein sprachlich formuliertes Gottesbild haben dürfe.

Rev. Lutherübersetzung: *Du sollst dir kein Bildnis noch irgendein Gleichnis* machen, weder von dem, was oben im Himmel, noch von dem, was unten auf Erden, noch von dem, was im Wasser unter der Erde ist: Bete sie nicht an und diene ihnen nicht! (Ex 20,4–5)* © Deutsche Bibelgesellschaft, Stuttgart 1985

Zwar wird durch „Bildnis" am Anfang das Bildhafte herausgestellt. Das *-Zeichen bei dem Wort „Gleichnis" ergänzt in einer Anmerkung: „das meint hier: Abbild". Doch kann man hier durch das Wort „Gleichnis" ebenfalls zu dem Schluss kommen, es dürfe sprachlich kein Gottesbild benutzt werden.

Das hebräische Wort für das Verbotene heißt *„pesel"*, das Verb mit der gleichen Wortwurzel wird mit „hauen, behauen" wiedergegeben. Etwas Steinernes oder Hölzernes also soll man sich nicht machen, sich nicht davor niederwerfen und ihm nicht dienen.

Die Übergabe der Gebote an Mose und das Volk Israel findet nach biblischer Überlieferung am Sinai statt (vgl. Ex 20). Damit wird die Vorstellung genährt, dieses Gebot hätte Israel von Anfang an begleitet. Doch heute steht fest, dass diese Gebote nicht aus der Anfangszeit Israels stammen. Das Bilderverbot steht vielmehr am Ende einer theologischen Entwicklung, die von der Verehrung vieler Götter und Göttinnen zum Glauben an die Einzigkeit Gottes führt. In der Zeit der Könige Israels entsteht eine Bewegung, zu der auch die Propheten gehören. Sie verkünden Jahwe als den alleinigen Gott für Israel. Andere Götter und Göttinnen existieren durchaus daneben, sollen aber für Israel keine Rolle mehr spielen. Diese Bewegung fand zunächst keine Mehrheit. Aber nach dem Untergang Jerusalems (587/6 v. Chr.) gewinnt sie an Bedeutung. Die „Zuständigkeiten" (Segen spenden, Fruchtbarkeit, Schutz, Hilfe etc.), die vorher einzelnen Göttern und Göttinnen zugeordnet waren, werden auf Jahwe übertragen. Es gibt nur einen Gott: „Unser Gott ist der einzige Gott", so lautet nach dem Exil in Babylon das Bekenntnis. Als sich jetzt der eigentliche Monotheismus durchsetzt, wird verboten, dass ein Kultbild angefertigt wird.

Das Bilderverbot bezog sich also nicht auf die *Vor*stellung oder auf die Redeweise von Gott. Das Bilderverbot wollte die *Dar*stellung Gottes als materielles Objekt, als Kultstatue Gottes im Tempel, an anderen Kultstätten oder auch in den Häusern verhindern. Eine angemessene Übersetzung sollte also besser von „Kultbild" sprechen und „Gottesbild" vermeiden. Insofern ist das Bilderverbot nicht in dem Sinn zu verstehen, dass man keine Vorstellung von Gott entwickeln dürfe, sondern dass man kein kultisches Bild der Verehrung herstellen darf.

Es ist also eine legitime Frage, welche Bilder wir uns von Gott in unserer Sprache und Theologie machen und verwenden. Entscheidend ist, sich nicht auf ein Bild festzulegen, sondern die Offenheit auf andere Bilder hin zu lassen. Nur diese Offenheit lässt Gott über das Vorstellbare hinaus sein Geheimnis. Denn ohne Bilder wäre Gott nicht einmal mehr ein Geheimnis, sondern ein „schwarzes Loch“, unsagbar und unverkündbar.

## *Gottesbilder - Göttinnenbilder in Israel*

Welche Bilder hatte man in Israel von den Göttern und Göttinnen? Neue Funde in der Archäologie haben in den letzten Jahren Anlass gegeben, die Entwicklung der Gottesbilder in Israel neu zu sehen. Der Vorteil der archäologischen Funde ist, dass das Material zeitlich exakter zum Geschehen in den einzelnen Jahrhunderten passt als die biblischen Texte, die meist lange nach der Zeit geschrieben sind, von der sie reden. Sie interpretieren im Nachhinein die Geschichte und wollen damit eine Botschaft an ihre eigene Zeit geben. Gerade bei der Frage nach Gott geben sie oft nur ein polemisch verzerrtes Bild der in Israel verehrten Götter und Göttinnen wieder.

Die Archäologie zeigt nämlich: In Israel gab es unzählige Bilder von Göttern und Göttinnen bzw. Symbole für das Göttliche. Tausende Rollsiegel, Figürchen und Stempelsiegel, die bei Ausgrabungen gefunden wurden, sind ein Schatz und ein „Text“ für sich, aus dem sich die Entwicklung der Götter- und Göttinnenvorstellung ablesen lässt. Die bedeutende Untersuchung von Christoph Uehlinger und Othmar Keel hat systematisch die bisher in Palästina gefundenen Bilder auf Siegeln ausgewertet. Dadurch hat man jetzt eine relativ gute und belegte Abfolge der Entwicklung der Gottesvorstellung in Palästina.

Siegel, Stempel und Amulette sind von den Menschen als persönliches Zeichen ihres Glaubens getragen worden. Als Symbol und Zeichen des eigenen Glaubens spielten sie für ihre Besitzer und Besitzerinnen eine wichtige Rolle: z. B. als Schutz- oder als Segensmacht. An ihnen lässt sich stärker der *reale* Alltagsglaube der Menschen ablesen, der stets neben den offiziellen Tempelkulten bestanden hat. An der Schnur, am Ring oder am Stab getragen, können sie sogar zu Würdezeichen werden. Mit Siegeln hat man wichtige Dinge verschlossen, als Eigentum gezeichnet und gleichzeitig den Segen der jeweiligen Götter oder Göttinnen herabgerufen. Solche Siegel hat es zu allen Zeiten gegeben. Entsprechend groß ist das archäologische Material. An ihnen lässt sich auch über längere Zeiträume hinweg ablesen, wie sich das Bild dieser Götter und Göttinnen verändert hat.

## *Die Darstellung der Göttinnen*

In der Darstellung der religiösen Symbole spiegeln sich in jeder Zeitepoche die Bedürfnisse der Menschen wider. Auf der Suche nach den „Vor-Bildern“ weiblicher Rede von Gott müssen die Darstellungen der Göttinnen einbezogen werden. In der Zeit vor 1200 v. Chr., archäologisch die Spätbronzezeit genannt, ist auf den Siegeln die Darstellung einer nackten Göttin vorherrschend. Ihre Scham wird herausgehoben dargestellt. Zu den Symbolen, die die Göttin begleiten, gehören Ziegen (Capriden) und Zweige bzw. stilisierte Bäumchen. Da der Name der Götter und Göttinnen wechseln konnte, nennt Silvia Schroer sie „Zweig- oder Baumgöttin“. *Erotik und Fruchtbarkeit* stechen als wichtiges Merkmal im Götter- und Göttinnenbereich hervor. Politisch gehört Palästina zum Einflussbereich Ägyptens, die Stadtstaaten konnten eine Blütezeit verzeichnen. Und so zeigen sich ägyptische Einflüsse auch in der Art der Darstellung der Göttinnen und Götter.

*Abb. 1:* Unterseite eines Skarabäus. Typus einer Zweiggöttin, die Göttin steht zwischen den Zweigen. Die Scham ist stark betont, Geheimnis der Vegetation steht im Vordergrund, Geser, Mittelbronze-II-B = ca. 1750–1550 v. Chr.

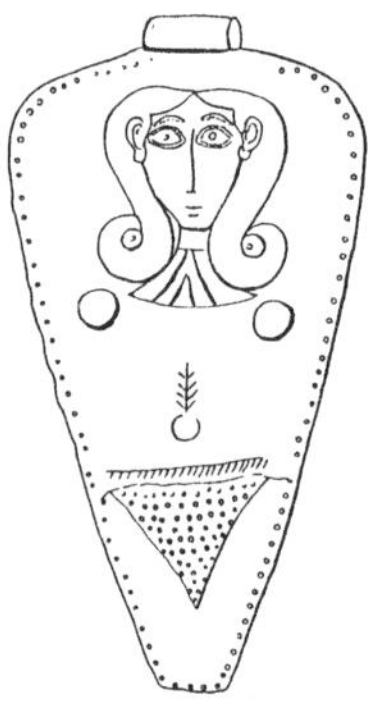

*Abb. 2:* Goldanhänger, Darstellung der Göttin mit Zweig aus dem Nabel und Betonung der Scham; ägyptisierend durch Lotusblüte am Hals; Küstenebene, beginnende Spätbronzezeit = ca. 1550–1250 v. Chr.

Mit dem Ende dieser Zeit um 1200 v. Chr. sind Einfälle durch die Seevölker (vom Mittelmeer und Kleinasien) und eine Schwäche der Schutzmacht Ägyptens verbunden. Die Stadtstaaten sehen sich militärisch bedroht. Der Übergang von der Spätbronze- zur Eisen-I-Zeit (etwa 1200 v. Chr.–1000 v. Chr.) macht sich durch einen Einbruch in der bisherigen Kultur bemerkbar. Städte werden zerstört, die alte Lebensform ist durch Feinde bedroht. Und so tritt jetzt der kriegerische, herrschende und triumphierende Aspekt in der Götterdarstellung in den Vordergrund. Männliche Gottheiten werden dominanter. Die Göttin tritt in menschlicher Gestalt fast gar nicht mehr auf, sie wird nur noch durch ihr Symbol (Zweige etc.) dargestellt.

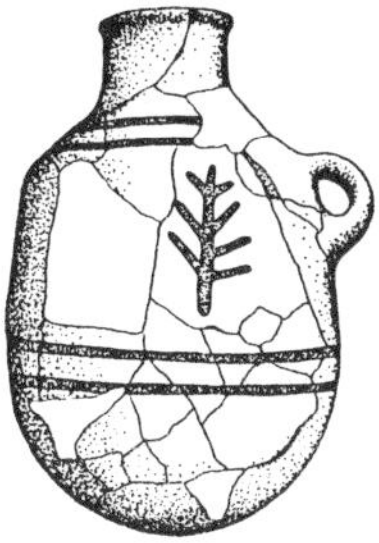

*Abb. 3:* Darstellung des Segensymbols der Göttin (Zweig) auf einem Krug; Untergaliläa, Eisenzeit II B 8. Jh. v. Chr.;

*Abb. 4:* Capride mit Baum, verweist auf die Göttin, Umschwung von Fortpflanzung hin zu Nahrung und Gedeihen, Thirza (Norden), Ende Eisenzeit I = ca. 1200–1000 v. Chr.;

*Abb. 5:* Der Gott Reschef mit Handwaffe und Schild; die Figur stand ursprünglich auf einem Tier, Megiddo, Eisenzeit I = ca. 1200–1000 v. Chr.

Das ändert sich wieder in der Zeit, als sich in Palästina aus dieser Zeit der Unsicherheit die Kleinstaaten herausbilden. Archäologisch heißt die Zeit der Königreiche Israel und Juda (mit den Nachbarstaaten Ammon, Moab und Edom) die Eisenzeit II (ca. 1000 v. Chr.–587 v. Chr.). Die Zeit der Könige ist von Kriegen der kleinen Reiche gegeneinander, ab dem 8. Jh. aber auch durch die neue Macht Assyrien bedroht. Innenpolitisch klagen die Propheten die Verarmung der Bevölkerung an. Im 7. Jh. gewinnt die Göttin ihre menschliche Gestalt wieder, jetzt aber in neuer Darstellung. War früher die erotische Göttin der Fruchtbarkeit vorherrschend, so geht es jetzt um die fürsorgliche und nährende Funktion der Göttinnen. Sogenannte Pfeilerfigurinen waren offensichtlich weit verbreitet. Es handelt sich um Tonfigürchen, die das Gesicht und die Brüste betonen, die Scham ist bedeckt. Ein weiterer Bildtyp ist die nährende Göttin mit dem Kind an der Brust. Diese Entwicklung ist nicht auf Palästina beschränkt, sondern nimmt auch in den Nachbarstaaten zu.

*Abb. 6:* Thronende Göttin mit Kind als Mutter, Samaria, Eisenzeit II C = ca. 734–600 v. Chr.

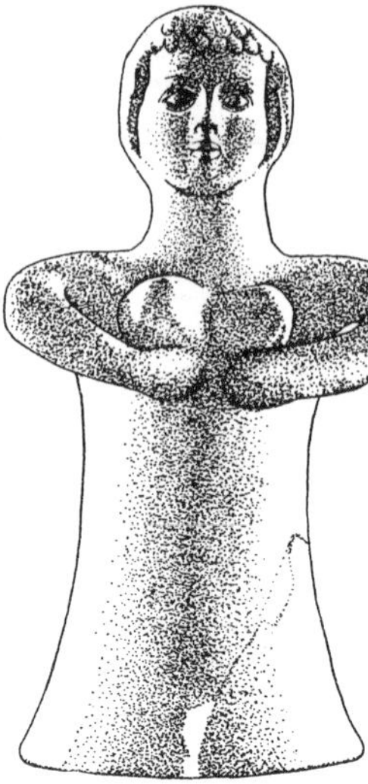

*Abb. 7:* „Pfeilerfigurine“ o. „Säulenfigürchen“, weiblicher Körper, Betonung der Brüste und Ausführung des Kopfes, oft auf Unterkörper aufgesetzt, Lachisch (Süden), Eisenzeit II B = 8./7. Jh. v. Chr.

Bei den Bildern der damaligen Götter und Göttinnen stehen deren Namen im Vordergrund, als ihre Rolle und ihre Tätigkeiten. Diese *Handlungsbilder* der Götter und Göttinnen wirken auf die Verkündigung Jahwes mit ein. Und je stärker die Bewegung wächst, die Jahwe als den einzigen Gott Israels fordert, desto mehr Eigenschaften und Handlungen, die vorher mit einzelnen Göttern und Göttinnen verbunden waren, werden Jahwe zugeschrieben. Eine Gottheit mit begrenztem Wirken wäre nicht als alleiniger Gott zu denken gewesen.

## *Weibliche Gottesbilder in biblischen Texten*

Die Bilder des Göttlichen wirkten so sprachbildend für das Reden von Gott in der Bibel. Jetzt vereinigt Jahwe alle Eigenschaften in sich, ist barmherzig, machtvoll, schützend, Segen spendend, väterlich und mütterlich. Angesichts der Verbreitung weiblicher Symbole und Bilder von GöttInnen verwundert es nicht, auch weibliche Gottesbilder in der Bibel zu finden.

In den letzten beiden Jahrzehnten ist in der theologischen Forschung durch Frauen viel zu diesem Bereich gearbeitet worden. Die biblische Tradition ist sehr viel reicher an sprachlichen Gottesbildern, als die Kirche(n) überliefert haben. Manchmal sind diese Traditionen aber auch neu in den Texten zu entdecken.

**Weibliche Gottesbilder in der Bibel**

| | |
|---|---|
| Gott als gebärende Frau: | Dtn 32,18<br>Jes 42,14<br>Ijob 38,8<br>Ijob 38,28–29<br>Joh 16,21<br>Apg 17,26–28 |
| Gott als stillende Mutter: | Num 11,11–13<br>Ps 131,1–2<br>Hos 11,4<br>1 Petr 2,2–3 |
| Andere mütterliche Aspekte Gottes: | Gott kleidet: Gen 3,21, Mt 6,25–34<br>Gott erzieht: Jes 46,3–4; Hos 11,1–4<br>Gott tröstet: Offb 21,4 |
| Gott als Geburtshelferin: | Ps 22,10–11<br>Jes 66 |
| Gott als Bärenmutter: | Hos 13,7–8 |
| Gott als Haushälterin/Hausfrau: | Ps 123,2, Lk 15,8–10 |
| Gott als Bäckerin: | Mt 13,33 und Lk 13,20–21 |
| Gott als Adlermutter: | Ex 19,4 und Dtn 32,11–12<br>beide in Zusammenhang mit Offb 12 |
| Gott als Henne: | Ps 17,8–9<br>Ps 57,2<br>auf Christus bezogen:<br>Mt 23,37 und Lk 13,34 |
| Gott als Weisheit: | Spr 1,20–33; 8; Ijob 28<br>Weish 1,6–7<br>Weish 7,22–8,1<br>auf Christus bezogen: Mt 11,19 |
| Gott als Geistkraft: | Gen 1; Ez 37 u.a. |
| Gott als grünender Zweig: | Sir 24; Hos 14,9 |

(nach: Mollenkott, Virginia, Gott im Bild einer Frau? Vergessene Gottesbilder der Bibel, Verlag C.H. Beck, München 1985, ergänzt durch weitere Bibelstellen)

*Ruach Elohim - Geist Gottes*

Große Aufmerksamkeit erfuhr die Rede vom Geist Gottes, der *ruach elohim*, wie sie besonders in Texten aus der Exilszeit zu finden ist. Im Deutschen heißt es *der* Geist, die Sprache macht damit die weibliche Dimension des Geistes Gottes unsichtbar. Doch im Hebräischen ist das Wort „*ruach*" meist weiblich und umfasst das ganze Bedeutungsspektrum von Wind, Atem bis hin zu Geist. Gottes Wirken wird nahezu immer damit in Verbindung gebracht. Ein bekanntes Beispiel ist die Rede von der *ruach elohim* in Gen 1, der Erschaffung der Welt. Dort heißt es: „die *ruach* (der Geist) Gottes flatterte über dem Wasser". Die weibliche Seite Gottes im Geist gilt es immer neu zu erinnern. Dabei können viele Bilder aus der Kunstgeschichte herangezogen werden, die insbesondere auf diesen weiblichen Aspekt Wert legen. Denn lange noch war den Menschen bewusst, wie eng *ruach* und Weiblichkeit miteinander verbunden sind.

*Chokma - Frau Weisheit*

Ein großer Teil der Bibel, die Weisheitsliteratur, spricht in ihrer Verkündigung immer wieder von „Frau Weisheit". Vorbild für eine weibliche Gestalt der Weisheit sind die Weisheitsgöttinnen (z. B. Maat in Ägypten), die es im gesamten Orient gibt. Aber auch die Erfahrung, dass Frauen im Alltag wie in der Politik als Beraterinnen tätig waren und so weisheitlich wirkten, trug zur Rede von „Frau Weisheit" bei. Die göttliche Weisheit (hebräisch: *chokmah*, griechisch: *sophia*) weitet das Spektrum der Gottesrede enorm aus. Die Weisheit wird dem Anfang der Schöpfung (Spr 8,22f oder Hiob 28) zugeordnet. Sie spendet Leben und nährt diejenigen, die ihrem Rat folgen. Als Anwältin der Gerechtigkeit steht sie auf der Seite der Schwachen – und damit auf der gleichen Seite wie Jahwe.

*Jahwe als grünender Zweig/fruchtbarer Baum*

Die Göttinnentradition spielt eine große Rolle, wenn von Jahwe als grünendem Zweig oder fruchttragenden Baum die Rede ist. Die jahrhundertelange Bildsymbolik mit der Darstellung der Göttin der Fruchtbarkeit mit Baum oder Zweigen schlägt sich hier nieder. Zeitweise ersetzte ein Zweig die Darstellung der Göttin. Ihre Segensmacht konnte auch durch Bäume, Stelen, heilige Haine oder auch Göttinnenbilder angezeigt werden. Diese Segensmacht überträgt man auf Jahwe, so dass noch im Buch Jesus Sirach (Kap. 24), das aus dem 2. Jh. v. Chr. stammt, die Weisheit Gottes sich als grünender und frucht- und lebensspendender Baum rühmen kann. Erste Anzeichen einer solchen Verschmelzung finden sich schon in Hos 14,9, wo Jahwe spricht: „Ich, ich bin wie eine üppige Konifere, von mir (her) wird deine Frucht gefunden." Die Frucht des Baumes der Weisheit genießt man nach Sir 24, wenn man sich an die Tora und den Kult am Tempel bindet. Hier sieht man, wie das Symbol der Göttin (Baum/Zweig) erhalten bleibt, aber auf die Rede der Verehrung Jahwes übertragen wird.

*Weibliche Rede von Gott im Neuen Testament*

Wie das Alte so ist auch das Neue Testament nicht auf die männliche Rede von Gott fixiert, sondern findet immer wieder eine Sprache, die Gott in weiblichen Bildern verkündet. So zeichnet Mt 6,25–34; 7,7f.11 Gott als Vater, der auch mütterliche Rollen übernimmt: für Nahrung und Kleidung sorgen oder die Tür öffnen für alle, die anklopfen. Im Lukasevangelium schildert ein Gleichnis Gott als eine Frau, die verzweifelt nach der verlorenen Drachme sucht (vgl. Lk 15,8–10; vgl. die entsprechenden Beiträge in diesem Band). Selbst die Anrede „Vater", die nur Gott zukommt (vgl. Mt 8,9), hat eine kritische Funktion gegenüber männlicher Herrschaft: sie widerspricht dem Machtanspruch der vielen „Väter" in der Gesellschaft.

## *Ausblick*

Gott, das lehrt die Beschäftigung mit weiblichen Gottesbildern, ist weder allein durch ein männliches Bild noch allein durch ein weibliches Bild zu verstehen. Aber, und das muss heute leider immer noch betont werden, auf keinen Fall allein durch männliche Bilder. In der Entwicklung hin zu dem Glauben an einen Gott, der einzig existent ist, fanden die vielen Aspekte göttlichen Handelns (der jeweiligen Götter und Göttinnen) in der Verkündigung des einen Gottes Raum. Diese Vielfalt gilt es wiederzugewinnen und neu zu entdecken. Erst wenn weibliche Gottesbilder selbstverständlich werden, eröffnet sich die unendliche Weite Gottes.

LITERATUR


*Dohmen, Christoph,* Das Bilderverbot. Seine Entstehung und seine Entwicklung im Alten Testament, Bonn 2/1987 (Bonner Biblische Beiträge 62)

„Aufbrüche im Gottesbild" = Bibel heute H. 140, 1999

„Der eine Gott und die Götter" = Bibel und Kirche, Jg. 49, 1994

„Gott und die Götter" = Welt und Umwelt der Bibel, H. 11, 1999

*Keel, Othmar/Uehlinger, Christoph,* Göttinnen, Götter und Gottessymbole. Neue Erkenntnisse zur Religionsgeschichte Kanaans und Israels aufgrund bislang unerschlossener ikonographischer Quellen, Freiburg 1992 (QD 134)

*Mollenkott, Virginia,* Gott im Bild einer Frau? Vergessene Gottesbilder der Bibel, Verlag C.H. Beck, München 1985

*Silvia Schroer,* Die Göttin auf den Stempelsiegeln aus Palästina/Israel, in: Keel, O./Keel-Leu, H./Schroer, S.: Studien zu den Stempelsiegeln aus Palästina/Israel, Bd. II, Fribourg Göttingen 1989

*Wacker, Marie-Theres / Zenger, Erich (Hg.),* Der eine Gott und die Göttin. Die alttestamentliche Rede von Gott im Horizont feministischer Theologie, Freiburg 1991 (= Quaestiones disputatae 135)

*Urs Winter,* Frau und Göttin. Exegetische und ikonographische Studien zum weiblichen Gottesbild im Alten Israel und dessen Umwelt (OBO 53), Fribourg Göttingen 2/1987

*Wodkte, Verena,* Auf den Spuren der Weisheit. Sophia – Wegweiserin für ein weibliches Gottesbild, Freiburg 1991

*Helen Schüngel-Straumann/Anneliese Hecht*

# „... und er schuf sie nach seinem Bilde“

Bibelarbeit zur Gottebenbildlichkeit von Frau und Mann (Gen 1,26 f.)

Immer brauchte und machte der Mensch sich Gottesbilder, trotz des biblischen Bilderverbots. Bei der Vorstellung Gottes wird aber deutlich, dass Gott zumeist in *männlichen* Bildern gedacht und vorgestellt wurde. Dabei gibt es in der hebräischen Bibel durchaus andere, weibliche Bilder von Gott, die aber in der weiteren Tradition, vor allem in der christlichen, nicht so zum Tragen kamen, wie sie es verdienten. Dies liegt zum großen Teil an einer langen Rezeptions- und Wirkungsgeschichte, die Frauen auf den zweiten Platz, auf eine niedrigere Stufe stellte als Männer. In der hellenistischen Zeit, d. h. etwa seit dem 3. Jh. v. Chr., beginnt sich ein dualistisch gefärbtes Denken breit zu machen, das den Mann auf die Seite des Geistes, die Frau auf die Seite des Leiblichen/Fleischlichen stellt, wobei damit immer auch ein Werturteil verbunden ist. So wie *oben* besser ist als *unten*, *Licht* besser *Finsternis*, so wird *Geist* höher gewertet als *Fleisch*. Nun ist aber das Göttliche nach der Definition der griechischen Philosophie das schlechthin Vollkommene. Somit kann etwas Unvollkommenes, Defektes, als was die Frau definiert wurde, nicht dazu taugen, das Vollkommene abzubilden oder darzustellen. So fallen alle weiblichen Gottesvorstellungen sozusagen automatisch aus diesem Raster heraus.

Zwei Punkte möchte ich herausgreifen, die besonders herangezogen wurden, um die Minderwertigkeit und Zweitrangigkeit von Frauen zu begründen. Einmal waren es die älteren Erzählungen von der Erschaffung der Frau aus einer Rippe (Gen 2) und die sogenannte Sündenfallerzählung (Gen 3), sodann die aus dem Exil stammende Aussage aus der Priesterschrift (P) über die Erschaffung der Menschen als Bild Gottes. Die ersten drei Kapitel der Genesis wurden immer herangezogen, wenn es darum ging, die mindere Wertung der Frau in der Schöpfungsordnung und in der Frage der Gottebenbildlichkeit zu begründen.

## *Die Frau als gleichwertige Partnerin in Gen 2*

Das ganze Kapitel über die Erschaffung der Frau ist klar auf ein Ziel hin ausgerichtet. Der Verfasser möchte die enge Zusammengehörigkeit der Geschlechter, von Mann und Frau, veranschaulichen. Deswegen bricht der Mann nach der Erschaffung der Frau in einen Freudenruf aus:

„Diese ist endlich Bein von meinem Bein
und Fleisch von meinem Fleisch.“ (Gen 2,23)

**Die Priesterschrift P**

Die Priesterschrift P ist die jüngste Quelle oder literarische Schicht des Pentateuch (der fünf Bücher Mose: Genesis bis Deuteronomium) und entstand im babylonischen Exil. Sie stellt die Geschichte Israels in einen untrennbaren Zusammenhang mit der Schöpfung: Jahwe hat als Schöpfer ein „Lebenshaus" für alle Lebewesen geschaffen, er bleibt ihr nahe und sorgt für sie mit seinem machtvollen Segen.

Der erste Text in der Bibel stammt aus dieser Quelle (Gen 1). Die schematische Darstellung der Schöpfungserzählung mit den immer wiederkehrenden Wendungen („Es wurde Abend und Morgen ..."; „und so geschah es"; „und Gott sah, dass es gut war" usw.) machen auf sehr eindringliche, meditative Weise deutlich: Gott schuf diese Welt in souveräner Vollmacht, hält und trägt sie, verlässlich und Trost spendend. Dem Gott dieser „guten Schöpfung" kann man sich bedingungslos anvertrauen.

Auch wenn P von der Bedrohung der Schöpfung weiß, wie es in der Fluterzählung (Gen 6,11ff) aufscheint, so ist doch auch diese von ihrem Ende her zu lesen: Es gibt Gewalttat, Tod, Bedrohung, aber – Gott verspricht, dass sie dennoch nicht das letzte Wort haben werden, dass sie niemals das Lebenshaus der Schöpfung zerstören werden. Denn: Nach der Flut erneuert Gott seinen Schöpfungssegen. Er schließt mit Noach einen Bund, indem er selbst sich zur Sorge für das Lebendige und zur wirksamen Gegenwart in seiner Schöpfung verpflichtet: Der „Bogen in den Wolken" (Gen 9,12–17) ist in altorientalischer Symbolik ein Kriegsbogen: Zeichen der machtvollen Gegenwart Gottes.

*Anmerkung der Redaktion*

Es handelt sich hier um die Verwandschaftsformel, die ausdrücken soll, dass die beiden, Mann und Frau, von der gleichen Art sind; Karl Rahner hat einmal gesagt: „Sie sind aus dem gleichen Holz geschnitzt." Um dies zu verdeutlichen, lässt der Erzähler Gott eine Rippe des Menschen nehmen und formt daraus eine Frau. Vermutlich handelt es sich bei dem Wort für „Rippe" um ein sumerisches Wortspiel, weil dort das entsprechende Wort sowohl „Leben" als auch „Frau" bedeutet.

Am Schluss des Kapitels 3 kommt dann der Begriff „Leben" wieder, wenn gesagt wird, die Frau würde *chawwah* genannt, weil sie die Mutter aller Lebendigen sei (daraus hat dann die spätere Tradition den Namen *Eva* gemacht). Eigennamen kennt Gen 2 nicht, es wird immer von „Mann" und „Frau" gesprochen, aber erst nach der Erschaffung der Frau. Vorher war der Mensch *('adam)* noch unbestimmt. Aus dem Begriff „Rippe" hat nun die Tradition hergeleitet, die Frau sei zweitrangig. Aus der Tatsache, dass die Rippe krumm sei, wurde sogar abgeleitet, die Frau müsse gekrümmt, in Unterordnung unter dem Mann leben. Dies wird dem Text in keiner Weise gerecht; einmal ist die Erschaffung nicht aus dem Mann *('iš)*, sondern aus *'adam* (Mensch) ausgesagt, sodann ist bei dieser Auslegung das Ziel der Erzählung verkannt: Weil Mann und Frau ursprünglich aus einem Stück waren, deshalb streben sie immer wieder zusammen. Der Verfasser will damit die enge Zusammengehörigkeit der Geschlechter plastisch demonstrieren.

Der zweite Begriff, der in einer fast zweitausendjährigen Auslegungsgeschichte immer wieder missdeutet wurde, ist der Begriff *'ezer* (Hilfe). Dazu wurde argumentiert, die Frau sei als Hilfe, als Dienstmagd für den Mann geschaffen, ihm untertan und zu allen möglichen Dienstleistungen verpflichtet. Erst im 20 Jh. wurde der Begriff von der amerikanischen Exegetin *Phyllis Trible* genauer untersucht, und es stellte sich heraus, dass der männliche Begriff *'ezer*, der hier verwendet wird, an fast der Hälfte aller Stellen in der Bibel (vor allem in den Psalmen) von Gott gebraucht wird, wenn es sich um die Hilfe handelt, die der Mensch selbst nicht leisten kann. Es ist damit also eine sehr qualifizierte Hilfe gemeint, nämlich eine ganz existenzielle Hilfe gegen das Alleinsein, die im übrigen für beide, für Mann und Frau, gilt. Augustinus dagegen war der Meinung, es handle sich hier nur um die Hilfe bei der Kinderzeugung, für jede andere Hilfe wäre der Mann für den Mann die bessere Wahl. Dabei spricht Gen 2 überhaupt nicht von Kindern bzw. Nachkommen, sondern ausschließlich von dem Verhältnis zwischen Mann und Frau, wie es von Gott vorgesehen war.

So wurde von der neueren Exegese die stark frauenfeindliche Auslegung von Gen 2 korrigiert, die unsachliche, ja böswillige Auslegung der Texte gehört somit der Vergangenheit an. Leider sind aber damit die Wirkungen noch nicht beseitigt, die an den verschiedensten Stellen greifbar sind.

## *Die Frage nach der Gottebenbildlichkeit der Frau*

In dem Schöpfungsbericht von Gen 1 stehen nun die Aussagen über die Gottebenbildlichkeit des Menschen in Vers 26–28. Gen 1 spricht vom Menschen immer als *'adam*. Dieser Begriff, der nur im Singular vorkommt, ist ein Kollektiv. Vor allem aber ist in allen Erzählungen der Urgeschichte (Gen 1–11) *'adam* nie ein Individuum, und vor allem kein Eigenname, wie er sich aus einer falsch verstandenen Interpretation der Erzählungen von Gen 2f („Adam" und „Eva" in der Spätzeit (ab dem 2. Jh. v. Chr.)) entwickelt hat.

Die Erschaffung des Menschen wird mit einem expliziten Entschluss Gottes eingeführt:

26 a Und Gott sagte:
b „Lasst uns Menschen machen als unser Bild: etwa in unserer Gestalt,
c damit sie herrschen über die Fische des Meeres,
über die Vögel des Himmels und über das Vieh und über alles wilde Getier auf der Erde und über alles Kriechgetier, das auf der Erde kriecht."

Mit *'adam* sind eindeutig *alle* Menschen gemeint, die Fortsetzung spricht von ihnen denn auch im Plural. In einem Finalsatz wird deutlich, wozu diese Erschaffung als Bild Gottes dient: die Menschen sollen herrschen.

Nur in V. 26 wird die Aussage vom „Bild Gottes“ mit zwei verschiedenen Begriffen ausgedrückt, es stehen hier die beiden Ausdrücke (*selem*, Gestalt, Standbild, etwa eines Königs) und zusätzlich (*demut*, „etwas in der Ähnlichkeit wie“). Die vorsichtige Formulierung heißt auch, dass dem Verfasser eigentlich die Worte fehlen, um das auszudrücken, was er meint.

Der Priesterschrift liegt ja das Bilderverbot vor. Von Jahwe, dem Gott Israels, darf kein Bild gemacht werden, so bestimmen Ex 20,4 und Dtn 5,8. Diese Verbotssätze verwenden jedoch andere Termini für „Bild“ als Gen 1,26f. Zudem spricht der Schöpfungsbericht hier auch nicht von einem Bild *Jahwes*, sondern von einem Bild *'elohims*. Für eine Einschränkung sorgt dann zusätzlich noch der Plural: die Priesterschrift schließt hier Gott mit dem himmlischen Hofstaat zusammen („Lasst uns ...“). Dem Göttlichen entspricht der Mensch in seiner Ganzheit.

Der Mittelteil gibt die Ausführung an:

27 a Und es erschuf Gott (*'adam*) als sein Bild
b als Bild Gottes erschuf er *ihn*,
c männlich und weiblich erschuf er *sie*.

In dieser dreiteiligen Ausführung wird der Mensch in den ersten beiden Zeilen im Singular bezeichnet, in der dritten Zeile steht ein Plural, wobei hier grammatisch eine gewisse Spannung entsteht. Die Ausführung des göttlichen Vorsatzes ist kürzer geschildert als der Entschluss. Neu ist der Zusammenhang der Aussage „männlich und weiblich erschuf er sie“ mit der Erschaffung als „Bild“. Damit kommt der Satzteil „männlich und weiblich erschuf er sie“ genau in die Mitte der Sätze über die Menschenschöpfung zu stehen. Der Mensch in seiner Differenzierung als männlich und weiblich ist also nach dem Bild Gottes geschaffen, darum haben umgekehrt auch männliche und weibliche Gottesbilder ihre Berechtigung (und ihren Platz in der Bibel).

Ganz zentral ist somit auch hier – wie in Gen 2, wo die Erschaffung der Frau in den Garten, in die gute Ordnung Gottes gehört – die Differenzierung der menschlichen Geschlechter in die Schöpfung eingebunden. Sie gehört zu der persönlich von Gott ausgeführten Schöpfung, wie sie in diesem Vers dreimal mit dem Verb *bara'* = erschaffen ausgedrückt wird; dieses Verb wird ausschließlich vom voraussetzungslosen Schaffen Gottes gebraucht. Wie in Gen 2 Gott ausdrücklich selbst feststellte, dass es nicht gut sei für *'adam*, dass er allein sei, so gehört hier die Bestimmung „männlich und weiblich“ in die gute Ordnung Gottes. Sie gehört nicht nur in die Schöpfung, sondern noch enger in die Abbildlichkeit Gottes hinein. Damit wären schon grundsätzlich alle Auslegungen abgelehnt, die die Entdeckung der Geschlechtlichkeit oder die Leiblichkeit insgesamt als etwas Minderwertiges, als etwas, das der Mensch eigentlich überwinden müsste, ansehen. Die Leiblichkeit, die dann in einer späteren dualistischen und leibfeindlichen Tradition fast ausschließlich der Frau zugewiesen wurde, während der Mann auf die Seite des Geistes zu stehen kam, ist hier voll in der Schöpfung und der Aussage der Gottbildlichkeit integriert. Denn „männlich und weiblich" bezieht sich auf den *ganzen* Menschen. Eine Aufteilung des Menschen in Geist und Körper oder etwa eine Beschränkung der Gottebenbildlichkeit auf die Seele hätten die Verfasser von Gen 1 gar nicht verstanden, weil diese griechische Aufteilung des Menschen dem hebräischen Denken fremd war. Der Mensch *als Ganzes*, in seiner weiblichen und männlichen Ausprägung, ist Bild Gottes.

Die Aussagen dieses prägnanten Textes sind insgesamt nicht auf dem Hintergrund ihrer langen Traditionsgeschichte, sondern zunächst auf ihrem *eigenen* zu lesen. Die Priesterschrift will nicht metaphysische Aussagen über den Menschen machen, sondern sie gibt Stellung und Aufgabe des Menschen auf dem Hintergrund altorientalischer Welt- und Menschenvorstellung an. Dabei sagt der Text selbst, was unter „Bild Gottes" zu verstehen ist: der Finalsatz in V. 26 gibt das *Herrschen* an, und dies ist am Schluss, in V. 28, wiederholt. Die Priesterschrift hat die altorientalische Königsideologie im Blick, wo der König als Stellvertreter der Gottheit auftritt. Solche Vorstellungen waren vor allem in Ägypten ausgeprägt.

Interessant ist, wie die Priesterschrift mit diesem vorgegebenen Material umgeht. Entscheidendes ist uminterpretiert: Während es sich in Israels Umwelt um herausragende Einzelpersonen handelt, ist für die Priesterschrift der Mensch *als Mensch* Stellvertreter Gottes. Dies wird besonders darin deutlich, dass das Herrschen als die besondere Füllung dieser Aussage zu sehen ist. Nicht in seinem „Geist", auch nicht in seiner „Seele" oder in seiner „aufrechten Gestalt" ist der Mensch Bild Gottes, sondern in seiner Funktion als Verwalter/in der Welt. Dieses Verwalten oder Herrschen wird bereits in der altorientalischen Tradition gern mit dem Bild des Hirten dargestellt. Auch in Israel ist der gute König/die gute Königin *Hirte* des Volkes, so wie Jahwe, der sein Volk leitet und schützt (vgl. Ps 23). Solches „Herrschen" bedeutet somit nicht willkürliches Verfügen – dem steht gerade entgegen, dass die Menschen in der priesterschriftlichen Schöpfungsgeschichte die Tiere nicht verzehren dürfen; dies ist erst nach der Sintflut erlaubt – , sondern es heißt Verantwortung übernehmen: Die Menschen als Stellvertreter Gottes sind für die Geschöpfe zuständig wie Gott für die Schöpfung insgesamt.

Wie sieht nun Gen 1 die Aufgabe des Menschen? Da im Abbild das Abgebildete selbst präsent ist, ist somit Gott im Menschen anwesend, *wenn* dieser in Verantwortung seinem Gott gegenüber die Schöpfung leitet wie ein Hirte seine Herde. Wichtig ist zu betonen, dass hier die Menschen nur über die übrige Schöpfung herrschen, also nicht über andere Menschen! Das Herrschen über Menschen – wie es auch die altorientalischen Könige tun – ist Gott allein vorbehalten. Der Verfasser von Gen 1 hat somit Vorstellungen, die er aus seiner Umwelt übernommen hat, in gezielter Weise verschoben: einmal ist das Herrschen über Menschen ausgeschlossen, weiter sind die Menschen klar als männlich und weiblich qualifiziert. Damit ist in dieser Aussage auch die Herrschaft des Mannes über die Frau ausgeschlossen! Dass dies bis heute nie explizit ausgesprochen wurde, ist mehr als erstaunlich.

Eine genaue Analyse der Formulierung von Gen 1,26–28 ergibt nämlich genau dies: Mann und Frau beherrschen/leiten die übrige Schöpfung, und dies schließt überaus deutlich ein, dass sich keines der beiden Geschlechter die Herrschaft über das andere anmaßen darf. Wenn also der Mann über die Frau herrscht und diese unter solcher Herrschaft und ihrer Bezogenheit auf den Mann zu leiden hat, so ist dies nach P *nicht* schöpfungsgemäß, dann handelt es sich um eine Perversion der ursprünglichen Ordnung.

Bei der Redeweise „der Mensch" oder „die Menschen" gerät häufig aus dem Blick, dass es sich immer um *beide* Geschlechter handelt, von denen hier die Rede ist. Ausdrücklich wird von der Priesterschrift *beiden* diese Leitungsfunktion übertragen, Mann und Frau. Die letzte Zeile des Mittelstücks („männlich und weiblich erschuf er sie") ist nicht nur für den Fruchtbarkeitssegen notwendig. Hier ist freilich die Frau unverzichtbar, aber der Auftrag des Herrschens wird in V. 28, und zwar im Plural, wiederholt! Mann und Frau haben somit *gemeinsam* den Auftrag, die Welt verantwortlich zu leiten und sich zu vermehren, die (noch) leere Erde anzufüllen. Dies heißt aber auch – betrachtet man dies von der anderen Seite –, dass Mann und Frau nur dort als Repräsentanten, als Bild Gottes fungieren, wo sie gemeinsam die Verantwortung tragen. Dies ist nicht individuell gemeint, als könnten die Menschen nur noch paarweise ihren Kulturauftrag ausführen, sondern grundsätzlich. Wenn ein Geschlecht allein die Welt be*herr*scht, kommt es zu einer Perversion der gemeinten theologischen Aussage. Die allgemeine Redeweise vom *Herr*schaftsauftrag an den Menschen hat jedoch praktisch nur für den Mann Wirkungen gezeigt.

Die Einschränkung auf den Mann ist in der gleichen Spätzeit erfolgt, wie die frauenfeindlichen Auslegungen von Gen 2f: Weil *'adam* (Mensch) bei der Übersetzung ins Griechische mit Adam (Eigenname!) wiedergegeben wurde, ist nun aus dem Menschen schlechthin plötzlich der Mann allein geworden. Die Frau fällt dann als gottebenbildlich ganz aus dem Text heraus, wie es auch zahlreiche Apokryphen (später nicht anerkannte Schriften aus der hellenistischen Zeit) darstellen: die Frau ist darin später geschaffen als der Mann, und sie ist nicht gottebenbildlich (vgl. das Sonderheft *Eva* von Bibel und Kirche). In dieser Tradition steckt auch Paulus, wenn er in 1 Kor 11 die Gottebenbildlichkeit der Frau nur abgeschwächt zulässt und dem Mann den ersten Platz zuweist. – Dagegen ist festzuhalten, dass Gen 1 – und hier sind sich auch alle männlichen Exegeten einig – die volle Gottebenbildlichkeit aller Menschen aussagt. Diese geht auch nicht verloren etwa durch den sogenannten Sündenfall oder die Sintflut, sondern sie ist allen Menschen in der Schöpfung mitgegeben.

Die Gottebenbildlichkeit des Mannes ist überhaupt noch nie thematisiert worden, so selbstverständlich war sie. Dagegen hat man über die Gottebenbildlichkeit der Frau das ganze Mittelalter hindurch gestritten, sie teilweise geleugnet, abgeschwächt oder einer minderen Ordnung zugewiesen (vgl. WFTh). Dies ist insofern heute von besonderer Wichtigkeit, da der Begriff der Gottebenbildlichkeit in der Aufklärung übergeht in den Begriff der *Menschenrechte* und *Menschenwürde*. *Gottebenbildlichkeit* ist eigentlich ein Vorläuferbegriff der Menschenrechte, und auch hier kann der gleiche Prozess beobachtet werden: um die Menschenrechte von Frauen muss immer noch gekämpft werden! So haben theologische Begriffe – mitsamt ihren negativen Auslegungen – auch im profanen Bereich eine große Rolle gespielt, sogar dort, wo dies nicht mehr bewusst ist. Darum ist es besonders wichtig, die ursprüngliche Aussage wieder ins rechte Licht zu stellen.

LITERATUR

*Elisabeth Gössmann/Helen Schüngel-Straumann,* Gottebenbildlichkeit, in: Wörterbuch der Feministischen Theologie (Hg. v. E. Gössmann, E. Moltmann-Wendel, Herlinde Pissarek Hudelist, I. Praetorius, L. Schottroff, H. Schüngel-Straumann), Gütersloh 1991, S. 90–95
*Helen Schüngel-Straumann, Die Frau am Anfang. Eva und die Folgen,* Münster $^{3}$2000
*Helen Schüngel-Straumann,* Eva, Bibel und Kirche 53 (1998), Heft 1
*Helen Schüngel-Straumann,* Gott bin ich und nicht Mann. Gottesbilder im Ersten Testament – feministisch betrachtet, Mainz 1996
*Helen Schüngel-Straumann,* Genesis 1–11. Die Urgeschichte, in: Kompendium Feministische Bibelauslegung, Gütersloh 1998, S. 1–11

## *Bibelarbeit*

### 1. Einführung durch die Leiterin

Ursprungs- bzw. Anfangsgeschichten der Bibel sind Geschichten über das Wesen des Menschen. Sie erzählen davon, wie es um ihn steht, was gleichsam wesenhaft zu ihm gehört. In den beiden Schöpfungsgeschichten am Anfang unserer Bibel erfahren wir auf eindrucksvolle Weise, wie Menschen damals die Beziehung zwischen den Geschlechtern gewürdigt haben. Sie überliefern uns vor allem auch eine Wertschätzung des Weiblichen, die wir ihnen oft nicht zutrauen. Und während in der Kirchengeschichte viel von den Theologen geschrieben wurde, um die Gottebenbildlichkeit der Frau zu „beweisen“ oder zu verneinen, spricht die Bibel gleich zu Anfang ganz selbstverständlich davon. Um Gottebenbildlichkeit von Mann *und* Frau soll es im Folgenden gehen.

### 2. Einstimmung ins Thema

▷ Ein Schöpfungsbild (Dia oder Folie) aus der Kunst, das beide – Mann und Frau – in Beziehung zueinander darstellt, wird betrachtet (siehe Abb. 1 und 2).
Dreischritt des Zugangs:
– Was sehe ich? Ich sehe ...
– Was fühle/spüre ich? Ich spüre ...
– Was frage ich mich? Ich frage mich ...

▷ Alternativ kann eine Bildbetrachtung durchgeführt werden. Von der Hildesheimer Bernwardstür werden zwei Bildausschnitte auf Folie gezeigt: Adam und Eva vor und nach dem „Sündenfall“ (siehe Abb. 3 und 4). Die Teilnehmerinnen (TN) teilen sich erste Beobachtungen mit. (15 Min.)

- ▷ Am Schluss steht die Frage: Was geben die Bilder wieder von Frauen und ihrer Würde, auch im Blick auf die Gottesbeziehung?
- ▷ Weitere Alternative: Die TN betrachten die Hägar-Karrikatur (Abb. 5) und teilen sich ihre Gedanken mit.

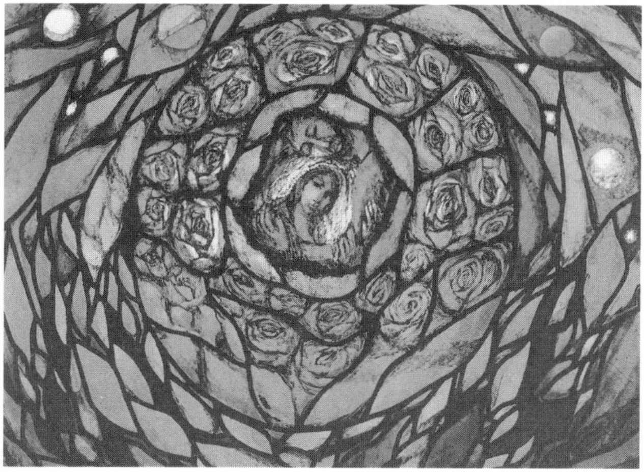

*Abb. 1:* © Sieger Köder, Vollendung. Glasfenster Heilig Geist Ellwangen

*Abb. 2:* Dieter Franck, Adam und Eva, Aquarell, Tempera, Pastell, 1970

*Abb. 3:* Dom Hildesheim, Bernwardstür (um 1015), Detail, Zuführung Evas

*Abb. 4:* Dom Hildesheim, Bernwardstür (um 1015), Detail, Verurteilung Adams und Evas

*Abb. 5:* Hägar der Schreckliche

## 3. Textarbeit zu Gen 1,26f

▷ Der Text wird von allen ganz langsam und aufmerksam laut gelesen:

> Und Gott sagte:
> „Lasst uns Menschen machen als unser Bild: etwa in unserer Gestalt, damit sie herrschen über die Fische des Meeres, über die Vögel des Himmels und über das Vieh und über alles wilde Getier auf der Erde und über alles Kriechgetier, das auf der Erde kriecht."
> Und es erschuf Gott (adam) als sein Bild. Als Bild Gottes erschuf er ihn, männlich und weiblich erschuf er sie. (Gen 1,26f)
>
> *Übersetzung H. Schüngel-Straumann:*
>
> *„Bild", hebräisch „selem" meint das Standbild, das Kultbild z. B. eines Königs; „etwa in unserer Gestalt", „Gestalt", hebräisch „demut" ist eine bewusst unscharfe Umschreibung, dem Verfasser fehlen die Worte.*

▷ Die TN arbeiten am Text zu zweit oder zu dritt mit Hilfe folgender Fragen:
- Was ist Gottes Anliegen in seinem Entschluss, Menschen zu machen?
- Welche Begriffe werden für die Ähnlichkeit des Menschen zu Gott verwendet?

▷ Formulieren Sie in einem eigenen Satz, so wie Sie es sich vorstellen, wie die Gottebenbildlichkeit von Mann und Frau zu verstehen und zu leben ist.

▷ Den Fragen wird vertiefend im Rundgespräch nachgegangen. Dabei kann die Leiterin da und dort Hintergrund-Informationen (aus dem Artikel) einfließen lassen. Bei der weiteren gemeinsamen Besprechung des Bibeltextes beachten Sie bitte die Richtigstellung der Fehlübersetzung von Gen 1,26–28 der Einheitsübersetzung:
- rdh (radah): nicht im Sinn von herrschen, sondern das Walten des Hirten.
- kbš (kabasch): nicht im Sinn von sich einer Herrschaft unterwerfen, sondern den Ackerboden aufbrechen = fruchtbar/bebaubar machen.

▷ Die Leiterin informiert weiter, dass drei Aspekte im Text anklingen:
- *König sein:* durch Tun die Schöpfung, den Lebensraum schützen gegen innere und äußere Bedrohung, wie ein Hirte handeln.
- *Bild sein:* Offenbarung und Gegenwart Gottes macht das Bild sichtbar. Jeder lebendige Mensch – Mann und Frau – ist in einmaliger Weise Abbild und Sinnbild der Wirkmächtigkeit Gottes. Jeder Mensch ist ein lebendiges Bild des Schöpfergottes (hier in der Bibel keine Abstufungen zwischen Männern und Frauen trotz patriarchaler Gesellschaft).
- *Sohn/Tochter Gottes sein:* Gottesverwandtschaft (wie in einer Familie. Nach Gen 5,1–3 zeugt z.B. Adam Set nach seinem Bild!), Verwalter/in des Vater/Mutterhauses, das er/sie gestalten soll.

▷ Die TN tauschen sich im Gespräch in der Großgruppe aus: Es gibt keinen Schöpfungsauftrag Gottes im Sinn eines Befehls, sondern einen Segen, den Mann und Frau für ihr Wirken in der Welt mitbekommen. Was ist der Unterschied?

▷ Abschluss: Jede Teilnehmerin fasst für sich noch einmal zusammen, was ihr im Blick auf das Mann-Frau-Thema und die Gottebenbildlichkeit von Mann und Frau wichtig ist. (30 Min.)

*Agnes Wuckelt*

# Offen für Weibliches

Bibelarbeit zu Gottesbildern der Mütter Israels

Nachdem sie lange Zeit unsichtbar – hinter ihren Männern, den sog. „Erzvätern“ Abraham, Isaak, Jakob versteckt – waren, treten sie nun ins Bewusstsein: die Mütter Israels. Sara, Rebekka, Lea, Rahel und Tamar spielen eine bedeutsame Rolle in der Ursprungsgeschichte des Volkes Israel (Gen 12–38). Aber: nicht nur ihre Namen und damit ihre Existenz waren in Vergessenheit geraten. Gemeinhin wird unhinterfragt davon ausgegangen, dass „der Gott Abrahams“, „der Gott Isaaks“ und „der Gott Jakobs“ identisch mit Jahwe und daher auch der Gott der Sara, Rebekka, Lea, Rahel und Tamar ist. Doch hier wird zum einen übersehen, dass die Welt der Sippengottheiten der „Erzeltern“ erst im Laufe der Zeit in dem einen Gott Jahwe verschmilzt. Zum anderen ist zu fragen, welche Bedeutung eine persönliche bzw. familiäre Gottheit für Frauen hatte.

## *Eine Gottheit für Frauen?*

Durch alle Erzelternerzählungen zieht sich das Motiv von Schwangerschaft und Nachkommenschaft. Damit handeln sie immer auch von Frauen und ihren Lebensfragen. Im damaligen patriarchalen System ist es für Frauen erstrebenswert, möglichst viele Söhne zu gebären; die Geburt nur von Töchtern oder gar Kinderlosigkeit bringt sie in eine existentielle Krise. Um diese Krise zu überwinden, werden unterschiedliche Wege beschritten – zumeist nicht frei von Konflikten (vgl. z.B. die Erzählungen von Sara und Hagar, Gen 16ff. bzw. von Rahel und Bilha, Gen 30,1ff.). Es stellt sich die Frage, welche Rolle die Beziehung zum Göttlichen für die Bewältigung dieser Belange weiblichen Lebens hat.

Aufschlussreich für die Beantwortung dieser Frage ist der Blick auf archäologische Ausgrabungen. Sie brachten auch in Palästina Götterbilder zu Tage, die insbesondere für die persönliche Frömmigkeit eine wichtige Rolle spielten. Die zumeist aus tönernem Material hergestellten Bilder repräsentieren die Gottheit, gelten als Segensspender und haben im Hauskult große Bedeutung. Nun wurde ein Bild der Gottheit niemals als Abbildung göttlichen Aussehens verstanden; es stellte immer nur den Versuch dar, etwas vom Wesen der Gottheit anzudeuten. Auffällig ist jedoch, dass diese Götterbilder für den Hausgebrauch überwiegend weibliche Form zeigen. Es handelt sich um nackte Göttinnen-Figurinen, die weibliche Erotik und Fruchtbarkeit symbolisieren. An ihren großen Ohren ist zu erkennen, dass diese bildliche Darstellung überdies für die Erfahrung menschenfreundlicher – frauenfreundlicher Zuwendung der Gottheit stand. Aus diesem Befund lässt sich demnach eine erste Überlegung ableiten:

Es legt sich nahe, davon auszugehen, dass die Gottesvorstellung der Mütter Israels vom Glauben an das einfühlende Verständnis der Gottheit für weibliche Existenz geprägt war. Ergab sich daher – vor allem dann, wenn Unfruchtbarkeit von männlicher Seite als weibliches Problem interpretiert wurde (so etwa im Falle der Kinderlosigkeit Saras, Gen 16 oder Rahels, Gen 30,2) – nicht zwangsläufig ein weibliches Gottesbild?

## *Eine Gottheit für weibliche Belange*

Eigentlich handeln die Erzählungen des sog. „Isaak-Kreises" (Gen 24-28) von dessen Frau Rebekka. Von Anfang an übernimmt sie die Führung und lenkt die Geschicke ihrer Ehe und Familie. Bereits als Braut trifft sie eigene Entscheidungen und wird von ihrem Mann als Mutterersatz betrachtet (Gen 24,67). Auch sie gehört zu den Frauen, die zunächst als unfruchtbar gelten (Gen 25,21). Erst nachdem sich Isaak für seine Frau an Jahwe wendet, wird diese schwanger. Doch die Schwangerschaft bringt Komplikationen mit sich; Rebekkas Leben gerät in Gefahr. Nun zeigt sich, dass Rebekka auch in religiöser Hinsicht eine eigenständige Praxis entwickelt. Ohne Isaak einzubeziehen, geht sie zu Jahwe und sucht eine Erklärung für ihre Problemschwangerschaft. Der Gottesspruch ist ein Völkerorakel; ihr wird angekündigt, dass sie mit der Geburt von Zwillingen die Stammmutter zweier Völker sein wird (Gen 25,22f.). Weibliche Lebenszusammenhänge stehen somit am Beginn der Geschichte zweier Völker; göttliches Wirken erschließt sich der Frau, die in Autonomie und im Vertrauen auf den Gottesspruch ihre Vorstellungen selbst gegen die Normen einer patriarchalen Kultur durchsetzt. Ihr Handeln – der Betrug des Erstgeborenen Esau und ein Übertölpeln Isaaks – wird auch durch Jahwe legitimiert: Der erschlichene Erstlingssegen wird bekräftigt durch die Nachkommensverheißung an Jakob (Gen 28,10–19).

Eine zweite Überlegung könnte demnach lauten: Die Müttergeschichten beinhalten ein Gottesbild, das viel Platz für weibliche Belange hat: Sei es für den Fall, dass eine Frau nicht schwanger wird oder für den Fall der Schwangerschaftskomplikation.

## *Eine parteiliche Gottheit*

Ein Blick auf die Geschichte von Lea zeigt, dass die Gottheit die Partei der Frau ergreift (Gen 29,20–35): Durch eine Intrige Labans wird nicht Rahel, sondern Lea die erste Frau Jakobs. Diese Intrige des Vaters geht zu Lasten der Frau; da Jakob Lea nicht mehr loswerden kann, beginnt er sie zu hassen (V. 31). Lea aber will sich nicht in ihr Schicksal fügen und beginnt zu kämpfen – für sich und um die Liebe ihres Mannes. Kraft für diesen Kampf gewinnt sie aus ihrer Überzeugung, dass die Gottheit ihr „Elend sieht" (V. 32) und „hört", dass sie „zurückgesetzt wurde" (V. 33). Gegen die jahrelange Erfahrung, von ihrem Mann Jakob in ihrer Liebe abgewiesen zu werden, setzt sie schließlich die Erfahrung der göttlichen Zuwendung (V. 35).

Ähnlich lässt sich anhand der Geschichte vom Verkauf Sarais (Gen 12,10-20) die Parteilichkeit der Gottheit für die Frau - und Kritik an männlichem Egoismus - aufweisen. Aus Angst, dass die Ägypter ihn töten könnten, um an seine schöne Frau zu kommen, verkauft Abram Sarai, die er als seine Schwester ausgibt, an den Pharao in dessen Harem. Doch er hat die Rechnung ohne die Gottheit Jahwe gemacht: Sie greift „um Sarais, der Frau Abrams willen" (V. 17) ein. Öffentlich blamiert wird der Patriarch, der das ganze Unterfangen in Eigenregie und über den Kopf seiner Frau hinweg arrangiert hat, zur Rechenschaft gezogen: Er wird des Landes verwiesen (V. 19f.).

Eine dritte Überlegung lässt sich anführen: Im Weitergeben von Geschichten, die von der Parteinahme der Gottheit für Frauen erzählen, wird ein Gottesbild vermittelt, das Mut macht. Mut zum Durchhalten in schweren Zeiten des Lebens, aber auch Mut zum Aufbegehren gegen männliche Unterdrückung.

## *Eine Gegenrede?*

Dass derartige - überdies religiös motivierte - Bestrebungen von Frauen in einer patriarchal strukturierten Gesellschaft nicht unbedingt auf männliche Gegenliebe stoßen, liegt auf der Hand. So belegen einige Geschichten das Bemühen von Männern, Gottesvorstellungen von Frauen lächerlich zu machen. Ein beredtes Beispiel dafür lässt sich der Erzählung von Rahel entnehmen. Gemeinsam mit Jakob und Lea flieht sie vor ihrem Vater Laban. Während Jakob seine ganze Habe zusammenpackt, entwendet sie die Statuetten der Hausgottheiten ihrer Herkunftsfamilie (Gen 31,19-35). Die von ihr eingesetzte List, die ein Auffinden des Entwendeten durch den äußerst aufgebrachten Vater (der vor allem seine Töchter, seine Enkel und die Viehherden nicht freigeben will) unmöglich macht, ist ebenso einfach wie raffiniert. Sie legt die Statuetten in ihre Satteltasche und setzt sich darauf. Als Laban alles durchstöbert, hindert sie ihn in seiner Suche im Versteck durch die (falsche) Information, dass es ihr „nach Frauenart gehe" und sie deshalb vor ihm nicht aufstehen könne (V. 35).

Die theologische Deutung dieser kleinen Episode erfolgt allerdings keineswegs zu Gunsten Rahels und ihrer Hoffnung, auch fern von ihrer Familie den Segen und die Zuwendung „ihrer" Gottheit erfahren zu können. Sie beinhaltet die Abwertung der Statuetten der Hausgottheit. Was können diese schon wert sein? Werden sie nicht endgültig dadurch zum Gespött, dass eine Frau in ihrer vorgeblichen Unreinheit auf ihnen sitzt? Zumal dann, wenn ein unvergleichlich anderer (männlich gedachter) Gott - Jahwe - die Verhältnisse (der Männer) regelt (31,50ff.).

Eine vierte Überlegung schließt sich an: Der Stellenwert weiblicher Gottesvorstellungen und weiblicher Religiosität schwindet in einer patriarchal strukturierten Gesellschaft, die göttlich legitimiert wird. Andererseits belegt die damit verbundene

Gegenrede, dass es eigenständige weibliche Gottesbilder gab – vor ihrer Zurückdrängung durch männliche Gottesvorstellungen.

**Die Verdrängung der Göttin**

Die Verdrängung der jahrhundertelang im Volk populären Göttin(nen) hängt eng mit dem Wandel der politisch-wirtschaftlichen Gesellschaftsstruktur zusammen. Sie steht im Zusammenhang mit einer zunehmenden Zentralisierung von Politik und Verwaltung und damit verbunden einer Konzentration auf den Jerusalemer Tempel im religiös-kultischen Gebiet. Sie geht vor allem auf das Betreiben der dort amtierenden Jahwe-Priester zurück, die damit zugleich ihre Machtposition sicherstellen wollten.

Einen entscheidenden Schritt in diesem Prozess bildet die sog. „Kultreform“ des Königs Joschija (ca. 600 v. Chr.; vgl. 2 Kön 23), der seit seiner frühen Kindheit von den Priestern des Jerusalemer Tempels aufgezogen wurde. Das Hauptanliegen dieser Reform war die radikale Bekämpfung aller „Fremdkulte“, darunter gerade auch der sehr populären Fruchtbarkeitsgöttin: so ließ Joschija die populären „Kulthöhen“ rings um Jerusalem abschaffen, der Göttin geweihte Freilichtheiligtümer, an denen unter heiligen Bäumen verschiedene Riten (v. a. sexueller Natur) zur Sicherung der Fruchtbarkeit von Mensch und Natur praktiziert wurden. Ziel der Reform war es, den Jerusalemer Jahwe-Tempel als einzig legitimes Heiligtum Israels abzusichern und alle kultischen wie auch ökonomischen Mittel auf Jerusalem zu konzentrieren.

Die eigentliche Geburtsstunde des judäischen Monotheismus (Ein-Gott-Glaubens) beginnt mit dem babylonischen Exil (596–539 v. Chr.), welches den Anstoß zu einer bewussten Sammlung und Neuformulierung religiöser Traditionen des Mutterlandes gab. Nach der vom persischen König Kyros 539 gewährten Heimkehr konnten die zurückgekehrten priesterlichen Kreise die politische und religiöse Macht in ihrer Hand konzentrieren und die Führung der Tempelgemeinde übernehmen. Diese Gruppe, deren Hauptanliegen der Wiederaufbau des Jerusalemer Tempels bildete, inszenierte im Rahmen ihres Tempelneubauprojekts gleichsam eine Art „monotheistische Revolution von oben“, die das strikte Verbot der Verehrung von „Fremdgöttern“ beinhaltete und ganz besonders gegen die Verehrung der Göttin gerichtet war. Die in der vorexilischen Zeit als „Himmelskönigin“ vom ganzen Volk verehrte Göttin (vgl. Jer 7,16–20; 44,15–19; vermutlich handelt es sich um die Göttin Aschera) wurde von nun an als unvereinbar mit dem Jahwekult rigoros bekämpft und diffamiert (vgl. v. a. Sach 5,5–11). In diesem Zusammenhang wurden vormals der Göttin heilige Dinge, wie z.B. heilige Bäume, durch eine Überarbeitung der Tora weitgehend in den Jahwekult integriert. Dieses Vorgehen war offensichtlich erfolgreich, da im Gebiet des perserzeitlichen Juda keine Göttinnendarstellungen mehr gefunden wurden.

Die Verdrängung der Göttin ist so nicht in erster Linie ein Resultat theologischer Spekulation (z. B. über die Einzigkeit Jahwes), sondern überwiegend durch die wirtschaftlich-politischen Interessen derjenigen Kreise bedingt, die den Jerusalemer Tempelneubau betrieben und nunmehr das alleinige Sagen im religiösen wie politischen Bereich hatten. Diese wollten die ausschließliche Bindung aller verfügbaren kultischen und ökonomischen Ressourcen an den neu entstehenden Jerusalemer Jahwe-Tempel gewährleisten.

Dennoch blieb die Frage nach der Verehrung der Göttin neben dem Staats- und Nationalgott Jahwe in weiten Kreisen lebendig. Schließlich bot sich in der theologischen Spekulation der „Frau Weisheit" die Möglichkeit, innerhalb des monotheistischen Jahwe-Glaubens noch eine ausgesprochen weibliche Dimension Gottes zu denken, und zwar in Gestalt der personifizierten Weisheit, die noch Spuren der kanaanäischen Aschera bewahrt.

*Gabriele Theuer*

## *Jahwe - eine Gottheit, offen für Weibliches?*

Die Müttergeschichten - gegen den Strich gelesen - öffnen den Blick auf einen Wandel der Gottesbilder und Gottesvorstellungen in der Geschichte Israels. Es kann davon ausgegangen werden, dass zunächst weibliche Gottesbilder den Vorrang hatten. Sie entstanden aus dem Selbstbewusstsein der Frauen, mit dem sie als Stammmütter die Geschicke lenkten und selbstverständlich davon ausgingen, dass die Gottheit ein offenes Ohr insbesondere für weibliche Lebensfragen hat. Sie beinhalteten auch die Überzeugung, dass die Gottheit parteilich - zu Gunsten der Frau - entscheidet, wenn sie in ihrer Würde missachtet bzw. in ihren Belangen nicht gehört oder ernst genommen wird.

Eine Verschiebung tritt dann ein, als dem männlichen Staatsgott Jahwe auch die Bereiche des weiblichen Lebenszusammenhangs untergeordnet werden. In dem Maße, in dem aus den Müttergeschichten „Vätergeschichten" werden, wandelt sich auch das Gottesbild - vom Bild der Gottheit der Mutter zum Bild der Gottheit des Vaters.

LITERATUR

*Irmtraud Fischer,* Gottesstreiterinnen, Verlag W. Kohlhammer, Stuttgart 1995.
*Manfred Görg/Bernhard Lang* (Hg.), Neues Bibel-Lexikon, Benziger Verlag, Zürich 1991.
*Luise Schottroff/Silvia Schroer/Marie-Theres Wacker,* Feministische Exegese. Forschungsbeiträge zur Bibel aus der Perspektive von Frauen, Wissenschaftliche Buchgesellschaft, Darmstadt 1995.
*Luise Schottroff/Marie-Theres Wacker* (Hg.), Kompendium feministische Bibelauslegung, Gütersloher Verlagshaus, Gütersloh 1998.

## 1. Sich auf das Thema „Gottesbilder der Mütter Israels“ einstimmen

- ▷ Es liegen bildliche Darstellungen antiker Gottheiten (S. 40; 18; 20) aus. Jede Teilnehmerin schreibt die Assoziationen, die ihr beim Betrachten kommen, auf bereitgelegte Karten (z. B. farbige Tonpapierblättchen im Din-A-6-Format). Es ist zweckdienlich, jeden Gedanken auf eine neue Karte zuschreiben (ca. 10 Min.).
- ▷ Die Karten werden sodann um die Abbildungen gelegt, zu denen sie ein Kommentar, ein Gedanke, eine Frage ... sein sollen.

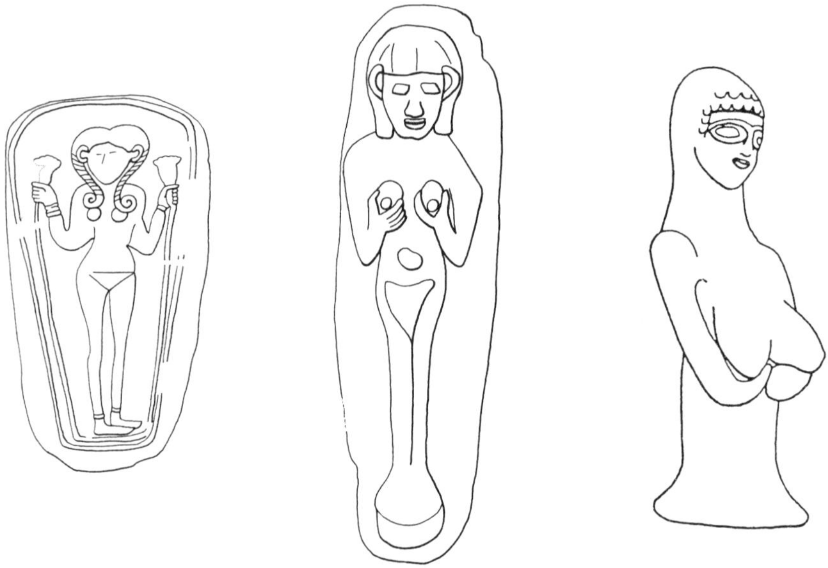

*Abb. 1–3:* Terrakotten der nackten Göttin

- ▷ Die ausgelegten Bilder und Äußerungen bilden die Basis für eine erste Gesprächsrunde:
  Weibliche Gottesbilder – von gestern für heute?

## 2. Sich auf die Bibeltexte einlassen

▷ Unter dem Titel „Jahwe – eine Gottheit für weibliche Belange?“ untersuchen die Teilnehmerinnen in Kleingruppen zu je 3–4 Personen die folgenden Texte in zweierlei Hinsicht:
- Welche weiblichen Belange kommen vor?
- Welche Seiten der Gottheit werden als wirksam erfahren oder treten in Beziehung zu den biblischen Frauen auf?

*Jahwe suchte Sara heim, wie er verheißen, und er tat an Sara, wie er es vorausgesagt hatte. Sara empfing und gebar dem Abraham einen Sohn. Da sprach Sara: „Ein Lachen hat mir Gott bereitet. Jeder, der es hört, wird mir zulachen.“ (Gen 21,1f.6)*

*Isaak betete zu Jahwe für seine Frau, weil sie unfruchtbar war. Jahwe erhörte ihn, und seine Frau Rebekka wurde schwanger. Als aber die Kinder in ihrem Schoße stießen, sagte sie: „Wenn es so steht, warum lebe ich noch?“ Und sie ging hin, um Jahwe zu befragen. (Gen 25,21f.)*

*Als Jahwe sah, dass Lea zurückgesetzt wurde, öffnete er ihren Mutterschoß. Lea empfing und gebar einen Sohn, den sie Ruben nannte: „Denn“ sagte sie, „Jahwe hat mein Elend angesehen“. (Gen 29,31f.)*

*Nun gedachte Jahwe Rahels. Jahwe erhörte sie und öffnete ihren Mutterschoß. Sie empfing und gebar einen Sohn und sprach: „Gott hat meine Schmach hinweggenommen.“ (Gen 30,22f.)*

▷ Die gefundenen Merkmale werden in der Gesamtgruppe gesammelt und auf einem Plakat festgehalten.

## 3. Die Erkenntnisse in den religionsgeschichtlichen Zusammenhang stellen – Überblick über die Gottesbilder der Mütter Israels durch die Leiterin

▷ Die Leiterin stellt Hauptthesen des vorliegenden Artikels zusammen. Die wichtigsten Aspekte (s. dazu auch die Zwischenüberschriften über den Abschnitten) werden auf ein Plakat geschrieben oder auf großen Zetteln ausgelegt. Die zusammenfassenden Überlegungen nach den jeweiligen Gesichtspunkten im Artikel können auch auf einem Arbeitsblatt für die Teilnehmerinnen zusammengestellt sein und ausgeteilt werden. Sie eignen sich dann vor allem zur Stellungnahme bzw. Reaktion durch die Teilnehmerinnen.

### 4. Aktualisierung der Ergebnisse der Bibelarbeit auf die heutige Situation hin

- ▷ Die Teilnehmerinnen tauschen sich darüber aus, ob bzw. wie sie ihre Lebensfragen als Frauen vor Gott zur Sprache bringen. Wieviel Platz haben ihre weiblichen Belange in der Beziehung zu Gott? Was hilft (bzw. würde helfen), sie zur Sprache zu bringen?
- ▷ Alternativ – je nach vorigem Schwerpunkt bei der Textarbeit und je nach Teilnehmerinnen-Interessen könnte auch ein Gespräch geführt werden unter dem Titel: Wenn aus Mütter- Vätergeschichten werden, dann ...
- ▷ Abschluss: Wer will, kann in einem Satz oder einem kurzen selbstformulierten Psalm die eigene Situation als Frau vor Gott zur Sprache bringen (zur Sammlung zuerst fünf Minuten Stille).

*Heike Bierschwale*

# Gott einen Namen geben

Bibelarbeit zu Hagar am Brunnen (Gen 16)

Der Konflikt zwischen Sarai, der kinderlosen Frau Abrams, und ihrer Magd Hagar in Gen 16 gehört sicherlich zu den bekannteren Erzählungen aus dem Alten Testament. An zentraler Stelle wird in dieser Frauengeschichte das Aufeinandertreffen der vor ihrer Herrin in die Wüste geflohenen Hagar mit einem Boten Gottes geschildert. Im Verlauf dieser Begegnung benennt Hagar den Gott, der ihr in dem Boten entgegentritt, mit dem hebräischen Namen „El-Roï", was im Deutschen wiedergegeben werden kann als „Gott des mich Sehens" (V. 13). Wohlgemerkt, sie ruft den Namen Gottes nicht *an*, sondern sie *nennt* ihn beim Namen – wie Phyllis Trible bemerkt. Dies ist eine Stärke, die sonst niemandem in der ganzen Bibel zugesprochen wird! Die Quelle, an der dieses Zusammentreffen stattfindet, trägt den Namen „Beer-Lahai-Roï" – „Brunnen des Lebendigen, der mich sieht" (V. 14).

Wie kommt es aber zu dieser Benennung Gottes durch Hagar, in der das Sehen eine so zentrale Rolle spielt? Welche Erfahrungen mit diesem Gott spiegeln sich hier wieder?

## *Das Problem der Kinderlosigkeit*

Ausgangspunkt des Konflikts in Gen 16 ist die Kinderlosigkeit Sarais. Sarai ist die Ehefrau des reichen Hirten Abrams.

> Sarai und Abram sind eher bekannt unter den Namen Sara und Abraham; die Änderung ihrer Namen erfolgt aber erst in Gen 17 mit der Verheißung einer großen Nachkommenschaft und dem Bundesschluss. Wie oft in der Bibel handelt es sich um sprechende Namen, die etwas über das Wesen der Menschen aussagen: Sarai/Sara bedeutet „Herrin" oder „Fürstin", wobei mit der Form Sara stärker die Weiblichkeit betont wird (Gen 17,15); Abram („Der Vater ist erhaben") wird in Gen 17,5 zu Abraham, und damit dem „Vater einer Menge". Ein Wortspiel, sprechende Namen gibt es auch hier im Text: *'ain* (Auge oder Quelle) wird in beiden Bedeutungen im Text verwendet ...

Sarais Ansehen in Gen 16 aber steht unter einer ungeheuren Spannung: Obwohl Gott einen leiblichen Sohn verheißen hatte (Gen 15,4), bleibt sie kinderlos. Kinderlosigkeit ist nun nahezu das Schlimmste was einem Paar – insbesondere einer Frau – passieren kann, liegt doch der Hauptzweck der Ehe genau darin, die Familie durch die Zeugung von Kindern fortzusetzen, vor allem durch Söhne.

Um die Nachkommenschaft zu sichern, kann ein Mann sich Nebenfrauen nehmen; in diesem Fall ist aber die Stellung der Hauptfrau gefährdet – sie hat „Rivalinnen“. Wohlhabenderen Frauen steht daneben die Möglichkeit offen, eine „Leihmutter“ zu bestimmen, d. h. sie konnten einer ihrer Sklavinnen befehlen, stellvertretend für sie selber von ihrem Mann ein Kind zu bekommen, das Kind wird später als ihr eigenes gelten. Obwohl die soziale Stellung der Leihmutter durch die Schwangerschaft aufgewertet wird, hat die Frau durch dieses Verfahren eine sehr viel größere Kontrolle über ihre Ehe als bei mehreren Ehefrauen. Die Leihmutterschaft ist aus dem gesamten Alten Orient bekannt; sie bedeutet nichts Unmoralisches.

### *Wer bin ich in deinen Augen?*

Sarai gibt ihre Sklavin Hagar also Abram. Wie geplant, wird Hagar schwanger. Dann entwickelt sich aber alles gegen den Willen Sarais: Als Hagar sieht, dass sie schwanger ist, verliert sie die Achtung vor ihrer Herrin – diese wird „gering in *ihren Augen*“ (16,4); Sarai beklagt sie sich darüber bei Abram und verlangt von ihm, das „Unrecht“, das sie erfährt, zurechtzurücken (16,5). Abram zieht es vor, sich aus dem Konflikt herauszuhalten und überlässt seiner Frau die Entscheidung allein: „Mache mit ihr, was gut ist in *deinen Augen*.“ (16,6) Sarai „demütigt“ Hagar, behandelt sie hart. Vor dem Druck ihrer Herrin läuft Hagar davon in die Wüste.

### *Gottesbegegnung an der Quelle*

Die Wüste ist eine schreckenserregende, dürre und lebensfeindliche Einöde, aber auch ein Ort, an dem Gott viele Wunder wirkt. Die Wüste symbolisiert in der Bibel oftmals die Passage von einem negativen zu einem positiven Pol. So wird Israel später aus der Knechtschaft in Ägypten durch die Wüste zum verheißenen Land und zur Freiheit geführt werden (vgl. Ex 12ff). Die Wüste ist aber auch der Ort der Gottesbegegnung (vgl. 1 Kön 19,4–18).

Auf ihrer Flucht durch die Wüste trifft Hagar an einer Wasserquelle (*'ain*) auf einen Boten Gottes, der von ihr zunächst aber nicht als ein solcher erkannt wird. Der Ort dieser Begegnung ist bedeutsam: Gerade in der trockenen Wüste ist Wasser das kostbarste Gut; Quellen sind rar (vgl. Ex 17; Num 20). Zudem verbindet sich in der alttestamentlichen Vorstellungswelt eine Quelle stets auch mit dem Gedanken von Leben und Begegnung (vgl. Ri 15,19). So auch hier: Die Quelle wird zum Ort der Rettung Hagars und verbindet sich mit der Zusage von Fruchtbarkeit und Weiterleben.

Hagar ist der erste Mensch in der Bibel, der von einem Gottesboten aufgesucht wird, obwohl sie selber gar nicht darum gebeten hat. Sie wird von ihm angesprochen – es ist das erste Mal, dass jemand mit Hagar spricht und sie bei ihrem Namen nennt! – und nach Herkunft und Ziel gefragt (16,8). Auch Hagars Stimme erklingt zum ersten Mal, als sie antwortet, sie sei vor ihrer Herrin geflohen. Anschließend spricht der Bote zu ihr. Die dreifach gestufte Rede lässt noch die Spuren der Bearbeitung und Fortschreibung dieses Textes erkennen: Sie soll zurückkehren und ihre demütigende Behandlung ertragen (16,9). Hagar wird eine zahlreiche Nachkommenschaft angekündigt (16,10); Zum dritten wird ihr die Geburt eines Sohnes verkündigt; dies ist verbunden mit einer Namensgebung und einem Blick in die Zukunft des Kindes (16,11f).

Menschen späterer Zeiten konnten offensichtlich die Härte des Ursprungs-Textes nicht ertragen, die späteren Zusätze mildern die Aussage von V. 9 und geben Hagar im Folgenden eine große Verheißung – im Wortlaut der Abrahamsverheißung. Hagar ist die einzige Frau (und noch dazu Ausländerin und Sklavin), an die diese Worte in der Bibel gerichtet werden. Schließlich erkennt Hagar denjenigen, der ihr an der Quelle begegnet, und sie nennt ihn bei dem Namen El-Roï, „Gott des Sehens", „Gott, der nach mir schaut".

## *Der „Gott des Sehens"*

Die Benennung Gottes in V. 13 nimmt das Motiv des Sehens und Schauens wieder auf, das die ganze Erzählung durchzieht. Hagar, die eine veränderte *Sicht*weise auf Sarai bekam (16,4), als sie *sah*, dass sie schwanger wurde, verleiht ihrer nach der Verheißung veränderten *Sicht*weise auf Gott Ausdruck. Zweierlei Erfahrungen der Begegnung mit Gott schlagen sich dabei in der Benennung nieder: Gott, der (mich) sieht (auch in Not und Bedrängnis), wie auch Gott, der (von mir) gesehen wird. Der zweite Aspekt wird durch die Frage Hagars in V. 13 betont. Die Worte „Hören" und „Sehen" drücken die Unmittelbarkeit und die personale Beziehung zwischen Mensch und Gott aus. Im Kontext von Gen 16 erhalten sie die Bedeutung von „Begegnen" und „Retten". Denn wenn Gott „sieht", dann kümmert er sich (vgl. Gen 29,32; Ex 3,7).

In Hagars Benennung Gottes spiegelt sich die Erfahrung, dass in dieser Begegnung ein (gegenseitiges) Sehen erfolgt, das gerade nicht von Geringschätzung oder Verachtung geprägt ist. Hagar erfährt Gott als einen, der nach ihr sieht – entgegen ihrer sozialen Stellung in der Welt nicht abwertend oder geringschätzig, sondern sich kümmernd; als einen, dessen Blick nicht kleinmacht und demütigt, dadurch erst Begegnung ermöglicht.

Der Name des Ortes dieser Begegnung – „Brunnen des Lebendigen, der mich sieht" – soll die ständige Erinnerung an diese Erfahrung gewährleisten.

LITERATUR

*Phyllis Trible,* Mein Gott, warum hast du mich vergessen! Frauenschicksale im Alten Testament, mit einer Einführung v. H. Schüngel-Straumann (GTB Siebenstern 491), Gütersloh 1987.

Als Grundlage der Bibelarbeit sollte eine Übersetzung von Gen 16 gewählt werden, die recht nah am hebräischen Text bleibt – wie etwa die Elberfelder Bibel (revidierte Fassung); anhand eines solchen Texte kann das Leitmotiv des Sehens herausgearbeitet werden, das in anderen Übersetzungen nicht deutlich hervortritt.

### 1. Auf den Bibeltext zugehen

▷ Als Impuls liest die Leiterin den Text „Das Wiedersehen" von B. Brecht vor:

> Ein Mann, der Herrn K. lange nicht gesehen hatte, begrüßte ihn mit den Worten: „Sie haben sich gar nicht verändert." „Oh!" sagte Herr K. und erbleichte.
> (*Bertolt Brecht*, aus: Gr. komment. Berliner und Frankfurter Ausg., Bd. 18, Prosa 3, © Suhrkamp Verlag, Frankfurt a. M. 1995, „Das Wiedersehen")

▷ In Kleingruppen zu drei oder vier Frauen diskutieren die Teilnehmerinnen (TN) darüber, was für sie zu einer guten, geglückten Begegnung gehört und warum Begegnungen auch missglücken können.

▷ Anschließend werden einige wichtige Beobachtungen im Plenum zusammengetragen und auf einem Plakat festgehalten.

▷ Alternative: Schreibmeditation: Es liegen zwei Plakate in der Mitte; auf einem steht das Stichwort „geglückte Begegnung", auf dem zweiten „missglückte Begegnung". Die Leiterin verteilt Stifte und bittet die Teilnehmerinnen, schweigend ihre Gedanken dazu in kurzen Worten auf die Plakate zu schreiben. Anschließend erfolgt darüber ein Gespräch in Kleingruppen.

### 2. Den Bibeltext begreifen

▷ Der Text (Gen 16) wird einmal ganz vorgetragen.

▷ Es werden Verständnisfragen geklärt. Die Leiterin sollte dabei notwendige Hintergrundinformationen zum Text einfließen lassen.

▷ Es erfolgt eine zweite Lektüre mit verteilten Rollen.

▷ Jede TN erhält ein Blatt mit dem Text; Farbstifte liegen bereit. Anhand der Fragen: Wer sieht wen? Wie? soll wiederum in Kleingruppen das Leitmotiv „Sehen" und darüber die Beziehungen der Personen zueinander herausgearbeitet werden. Die Ergebnisse können von den TN auf verschiedene Weise festgehalten werden (Skizzen, Unterstreichen im Text, Schaubilder, etc.).

▷ Im Plenum werden die Ergebnisse vorgestellt und gebündelt anhand der Fragen: Wo glücken hier Begegnungen? Welche scheitern? Welche Gründe gibt es dafür? Können wir das mit dem Wortfeld „Sehen" (Ansehen, Aussehen, Zusehen...) beschreiben ?

3. Mit dem Bibeltext weitergehen

▷ Die TN werden dazu angeregt, der Gottesbezeichnung „Gott, der nach mir schaut, Gott des Sehens“ nachzugehen: Gibt es eine solche Erfahrung in meinem Leben? Welche Namen möchte/würde ich Gott geben?
▷ Die Bibelarbeit schließt mit dem Lied „Wasser ist Leben“.

## Wasser ist Leben

2. Auf der Suche nach dem Leben
laßt uns in den Brunnen sehen.
Was die Menschen dort erleben,
kann auch unter uns geschehen.

3. Auf der Suche nach dem Leben
laßt uns bei dem Brunnen bleiben.
Was die Menschen dort erleben,
kann auch unsre Angst vertreiben.

4. Auf der Suche nach dem Leben
laßt uns an den Brunnen denken.
Was die Menschen dort erleben,
kann auch uns Vertrauen schenken.

5. Auf der Suche nach dem Leben
wird uns Gott am Brunnen stärken.
Er allein kann Leben geben.
Hilf uns, Gott, daß wir es merken.

*Text: Reinhard Bäcker, Musik: Detlev Jöcker. Aus: Heut ist ein Tag, an dem ich singen kann – Folge 2 (Buch, CD und MC). Alle Rechte im Menschenkinder Verlag, 48157 Münster*

*Bettina Eltrop*

# Wenn Frauen zu Gott Vater sagen

## Bibelarbeit zur Vateranrede Jesu

Wenn Frauen zu Gott Vater sagen, so benutzen sie eine Anrede, die in unseren Kirchen so geläufig ist und so häufig benutzt wird, dass sie andere Bilder und Gebetsanreden in den Hintergrund gedrängt hat. Gottvater – diese Gottesvorstellung gehört zu den Gottesbildern, die viele Frauen verinnerlicht haben. Es gibt dafür (auch von der biblischen bzw. neutestamentlichen Seite her) gute Gründe: im Neuen Testament finden wir häufig die Bezeichnung „Vater" für Gott. Und das Vater unser, das Gebet Jesu, das uns bei Lk und Mt überliefert ist, ist sicherlich eines der am häufigsten gesprochenen Gebete, die wir sowohl in der Gemeinschaft im Gottesdienst als auch im privaten Gebrauch verwenden.

Gerade weil die Gottesanrede „Vater" vertraut und Teil ihrer Gebetssprache ist, ist sie vielen Frauen wichtig. Sie bietet ihnen einen persönlichen und vertrauensvollen Zugang zu Gott, gibt ihnen ein Gefühl von Geborgenheit, Aufgehobensein. Gestützt wurde dies sicherlich durch die neutestamentliche Exegese, die lange Jahre versucht hat darzulegen, dass Jesu Anrede Gottes als Vater bzw. Abba eine Besonderheit und Ausdruck seines intimen Zugangs zu Gott, seinem Vater sei.

Anderen Frauen wiederum ist der Zugang zu diesem Gottesbild versperrt: Seien es schlechte Erfahrungen mit dem eigenen Vater, dessen Macht(missbrauch), oder mit einer patriarchalen (in dem Wort *patriarchal* steckt das lateinisch-griechische Wort *pater* – Vater) Amts-Kirche, seien es die Erkenntnis, dass in der Bibel nicht nur männliche Bilder für Gott zu finden sind oder die Sehnsucht nach einer authentischen, frauengerechten Sprache – Frauen haben auch Schwierigkeiten, zu Gott „Vater" zu sagen.

Wie kommen wir aus diesem Dilemma heraus und finden einen Weg, der allen Frauen/Menschen bzw. auch Gott selbst und dem biblischen Zeugnis gerecht wird? Liegt die Lösung darin, Gott lieber inklusiv als „Vater und Mutter" anzureden? Oder sollten wir gerade mit Rücksicht auf die Frauen, die Probleme mit männlichen Gottesbildern haben, diese sogar ganz aufgeben und neutrale Gottesanreden – z. B. Du Gott, Quelle des Lebens, Kraft, die uns bewegt ... – verwenden?

Wenn wir den Vaternamen für Gott weglassen, geben wir nicht nur ein Stück Gebetssprache, das für Beziehung, Vertrauen und Nähe steht, auf. Wir brechen auch einen wichtigen Zweig aus dem lebensvollen Baum unserer Tradition – aus der Geschichte und den Kämpfen unserer Vormütter, unserer Glaubens-Schwestern und Brüder in neutestamentlicher Zeit, aus der Geschichte des jüdischen Volkes. Vielleicht ist es hilfreich, wenn wir uns die neutestamentlichen Stellen in ihren zeitgeschichtlichen Bedingungen einmal ansehen und zu verstehen suchen, was die Menschen mit der Gottesanrede „Vater" verbanden. Vielleicht, dass auch Frauen, denen dieses verwehrt ist, einen neuen Zugang zu dieser Gottesanrede finden.

## *Vater – Ausdruck von Nähe und Beziehung*

In den 60er Jahren hat der Neutestamentler Joachim Jeremias versucht aufzuzeigen, dass die vertrauliche Anrede *abba* (Papa), die aus der Kinder/Lallsprache des Aramäischen stammt, ein Zeichen sei für das neue Gottesverhältnis Jesu: es sei ein intimes Verhältnis, geprägt von Liebe und Nähe. Seine Arbeit hat viele Wissenschaftler beeinflusst und ist bis heute unter den Stichworten Abba, bzw. Vater in vielen Bibellexika nachzulesen, obwohl seine Argumentation deutliche Mängel hat:

1. Die Belege sind schwach: Im NT gibt es nur drei Stellen, in denen die vertrauliche Anrede abba für Gott benutzt wird (Mk 14,36; Röm 8,15, Gal 4,6), und nur eine davon ist wörtliche Rede Jesu (Mk 14,36).

In den beiden Briefstellen Röm 8,15, Gal 4,6 übersetzt Paulus das aramäische *abba* für die dortigen griechisch sprechenden Gemeinden mit *pater* – also mit Vater, und benutzt keine vertrauliche Verkleinerungsform aus der Kindersprache, obwohl es die im Griechischen auch gäbe.

2. Die Vateranrede Jesu wird gegen die jüdische Praxis ausgespielt: Trotz einer ausführlichen Darlegung der biblischen, außerbiblischen und rabbinischen Quellen kommt Jeremias zu dem Schluss, dass es wohl im zeitgenössischen Judentum keine persönliche Anrede Gottes als „mein Vater" gegeben habe (S. 33). Doch auch im rabbinischen Schrifttum finden wir die Bezeichnung *abba* für Gott (bTaanit 23b), allerdings wird sie ebenso wie im NT selten gebraucht.

Wenn wir diese beiden schwerwiegenden Kritikpunkte bedenken und mit ihnen arbeiten, kann Jeremias´ Vorstellung uns trotzdem schon auf eine wichtige Fährte führen: Könnte es vielleicht sein, dass wir *nicht gegen* das Judentum, sondern *mit diesem* den Zugang zu Gott als dem Vater finden müssen? Und dass wir vielleicht in dieser Tradition auch finden, dass im Gebrauch des Vaternamens etwas von Vertrauen, Zugehörigkeit und Nähe mitschwingt – vielleicht aber sogar noch mehr? Und müsste sich dann unsere Argumentation nicht nur auf die wenigen abba-Stellen beziehen, sondern auf die breiter bezeugte Rede von Gott als dem Vater *(pater)*, da dieser Name für Gott im NT in ungeheurem Maße zunimmt?

Wenn wir unter dem Aspekt Nähe / vertrauensvolle Beziehung Aussagen über Gott als dem Vater ansehen, dann stoßen wir auf eine Vielzahl von neutestamentlichen Stellen, die Jesu Beziehung zum Vater beschreiben (Joh 2,16; 8,19; 10,30; 14,6ff; Mt 11,27 parr u.v.a.m.), die die Gläubigen in diese Beziehung hineinnehmen (vgl. Jubelruf Mt 11,21, Mt 10,32f., Joh 10,29; 14,6ff. u.v.a.m. ). Es gibt Stellen, die die Gläubigen als Kinder Gottes zeigen, als diejenigen, die unter seinem Schutz stehen und zu ihm Zuflucht nehmen können – oder die als seine Erben in seinem Auftrag arbeiten(Mt 21,28ff). Wir stoßen auf Texte, in denen Gott als fürsorglicher, ja fast mütterlicher Vater gezeigt wird: In Mt 6,24–34 ist Gott einer, der seine Geschöpfe ernährt (6,26), sie kleidet (6,30) und weiß, was sie brauchen (V. 32).

### *Vater als Gottesanrede im zeitgenössischen Judentum*

In den jüdischen Schriften aus griechisch-römischer Zeit (also der Zeit, als Griechenland und Rom nacheinander Weltmacht waren und u. a. auch das jüdische Volk unterworfen hatten) nimmt der Gebrauch des Vaternamens für Gott offensichtlich immer stärker zu. Die folgenden Schriftzeugnisse aus der Zeit von 200 v. Chr. – ca. 150 n. Chr. stammen z. T. aus dem AT, zum überwiegenden Teil aber aus dem außerbiblischen Schrifttum. Sie zeigen schon beim ersten Lesen zweierlei:

1. Im Judentum ist der Vatername für Gott keineswegs ungebräuchlich.
2. Die Zunahme des Vatertitels muss wohl etwas mit den Erfahrungen der Menschen in dieser Zeit zu tun haben:

Sie hast du wie ein mahnender Vater auf die Probe gestellt, die Frevler aber wie ein strenger König gerichtet und verurteilt.

Weisheit 11,10

Herr, Vater und Gebieter meines Lebens, bring mich durch sie nicht zu Fall.

Jesus Sirach 23,1

Ich rief: Herr, mein Vater bist du, mein Gott, mein rettender Held.

Jesus Sirach 51,10

Großmächtiger König, höchster, allmächtiger Gott, der du die ganze Schöpfung voller Erbarmen regierst, siehe auf den Samen Abrahams, auf die Kinder des (dir) geheiligten Jakob, das Volk, das dein geheiligtes Erbteil ist (und nun) fremd in fremden Land ungerechterweise zu Grunde geht, o Vater! ... Jonas aber, der im Bauche des von der Meerestiefe genährten Seeungeheuers rettungslos dahinschwand, hast du, o Vater, allen den Seinigen unversehrt wiedergezeigt.

3 Makkabäerbrief 6, 2–3.8

... und deine gerechte Zurechtweisung war bei (...) und deine heilvolle Obhut ist da, um meine Seele zu retten. Und mit meinen Schritten ist reiche Vergebung und Fülle des Erbarmens, als du mit mir ins Gericht gingst. Und bis ins Alter hinein wirst du mich umsorgen. Denn mein Vater kennt mich nicht und meine Mutter hat mich dir überlassen. Ja, du bist ein Vater für alle Söhne deiner Wahrheit und freust dich über sie wie eine Mutter über ihr Kind, und wie ein Pfleger versorgst du auf dem Schoß alle deine Geschöpfe.

Loblieder aus Qumran 1 QH 9,33-35

Erbarme dich mein, Herr, und hüte mich, die Jungfrau keusch, die Zurückgelassene und Waise. Denn du selbst bist, Herr, ein Vater süß und gut und gelinde. Welcher Vater ist so süß wie du, Herr, und welcher so schnell in Erbarmen wie du, Herr, und welcher langmütig über unseren Sünden wie du, Herr?

Josef und Aseneth 12, 14–15

> Unser Vater, unser König, wir haben keinen König außer dir; unser Vater, unser König, um deines Namens willen, erbarme dich über uns.
>
> Das Gebet Abinu malkenu des Rabbi Akiba (b Taanit 25b)

Folgendes wird in diesen Stellen über Gott als dem Vater ausgesagt: Gott mahnt, gebietet, rettet, regiert voll Erbarmen, sieht auf sein Volk, weist zurecht, umsorgt, ist König und Held, ist wie ein Vater und eine Mutter (1QH), versorgt, nimmt auf den Schoß, erbarmt sich, hütet, ist süß, gut und gelinde, langmütig in Bezug auf die Sünden, gibt reiche Vergebung, nimmt in Obhut.

Wir entdecken in diesen Textstellen also ein Vaterbild, das von Nähe, Zuwendung, Fürsorge und Hilfe geprägt ist: Mehrfach genannt und daher wohl zentral sind die Aussagen, die von Gott Rettung, Erbarmen und Fürsorge erbitten und erwarten, drängend scheint auch das Problem der Vergebung zu sein. Gott als Vater erscheint als Hort und Zuflucht für die Beter und Beterinnen.

Dieses Gottesbild ist uns auch durch Jesus vertraut und vermittelt. Wir sehen aber, dass wir es nicht ausschließlich für Jesus oder das NT reklamieren können. Wenn Jesus von und zu Gott als dem Vater spricht, dann tut er dies in der Tradition seines Volkes (vgl. auch Ps 103,13; Jes 63,15 u. a.).

Ebenfalls auffällig ist, dass der Vatertitel mehrfach zugleich mit dem Königstitel für Gott verwendet wird. Auch dies kennen wir von Jesus, der vom Anbruch der Königsherrschaft Gottes gesprochen hat und z. B. im Vaterunser (Mt 6,9f.) den Anruf Gottes als Vater und als König, dessen Herrschaft komme, miteinander verbindet.

## *Vater – Gottesanrede als Zeichen des Widerstands*

Zu Lebzeiten Jesu, aber auch zur Zeit der ersten christlichen Gemeinden, als die Evangelien verfasst wurden, war das jüdische Volk von den Römern unterworfen und lebte ab 6 n. Chr. in der römischen Provinz Judäa in direkter Abhängigkeit von Rom. Die nördlich gelegenen Reichsteile waren römische Vasallenstaaten und wurden Ende des 1. Jh. n. Chr. in die römische Provinz Syrien eingegliedert.

In dieser Zeit hatte sich das jüdische Volk nicht nur mit der römischen Verwaltung und Ausbeutung, sondern auch mit der römischen Staatsideologie, z. B. dem Kaiserkult auseinanderzusetzen. Genau in dieser Zeit beanspruchten die römischen Herrscher die Titel „*pater patriae*“ und „*parens patriae*“ (Vater des Vaterlands). Diese Titel sollten ein Verständnis des Imperiums als große Familie vermitteln, in dem der Imperator die Funktion des Familienoberhaupts, des *pater familiae* (Familienvaters) inne hatte . Ebenso wie ein Familienvater mit Herrschaftsgewalt *(patria potestas)* über seine Kinder ausgestattet war, hatte der römische Kaiser, der *pater patriae,* Gewalt über die ganze „Familie“ des römischen Imperiums. Der für das heutige Verständis zunächst fürsorglich erscheinende Herrschaftstitel *pater patriae* bzw. *parens patriae* verschleiert ebenso wie das Wort *pax romana* (Römischer Friede) die durchaus aggressiv und gewalttätig durch Krieg und Militär herbeigeführte Einverleibung fremder Länder und Völker in das römische Großreich (Befriedung!). Wie in der Keimzelle des römischen Staates, in der Familie, der römische *pater familiae* regierte (seine Herrschaftsgewalt war unbeschränkt, die in seinem Haushalt lebenden Menschen waren von ihm völlig abhängig, er konnte sogar über Leben und Tod seiner Kinder, SklavInnen ... befinden!), so tat es der Kaiser im Großen. Eine recht eindeutige Beschreibung der damaligen Erfahrungen finden wir z. B. in Mk 10,42 parr: *Ihr wisst, dass die, die als Herrscher gelten, ihre Völker unterdrücken und die Mächtigen ihre Macht über Menschen missbrauchen.*

Mit dem Titel „Vater" verbanden römische Kaiser also ihre Herrschaftsansprüche über die von ihnen abhängigen Völker und zwangen auch die Unterworfenen in den entfernten Provinzen zu Loyalitätsbezeugungen gegenüber den lokalen Repräsentanten Roms. Wenn nun der Titel „Vater" für Gott sowohl im frühen Christentum wie auch im zeitgenössischen Judentum in zunehmendem Maße verwendet wurde, ist dies als Widerspruch zur römischen Väter- und Staatsideologie zu werten. Gott dagegen Vater zu nennen steht gegen die Herrschaftsansprüche aller Väter auf Erden, vgl. Mt 23,9: *Auch sollt ihr niemand auf Erden Euren Vater nennen; denn nur einer ist euer Vater, der im Himmel!*

Eindrücklich wird deutlich, dass die Benennung Gottes als Vater also mit der Ablehnung des römischen Imperiums einherging: Nicht der Kaiser in Rom darf Vater und König genannt werden, sondern diese Titel sind Gott allein vorbehalten: *Unser Vater, unser König, wir haben keinen König außer dir.* In diesem Gebet des Rabbi Akiba , der ca 135 n. Chr. als Märtyrer im Widerstand gegen Rom hingerichtet wurde, erkennen wir die gleiche Aussage wie in Mt 23,9. Die Anrede Gottes als Vater beinhaltet die Entscheidung, keine andere Autorität auf Erden anzuerkennen und ist so ein Akt des Widerstands und der Weigerung, die Herrschaftsansprüche der römischen Imperatoren und Väter anzuerkennen.

## *Vater und Mutter unser?*

Ich möchte nochmals zurückkommen auf den einleitenden Gedanken: Wie können wir Frauen heute von Gott als dem Vater sprechen? Wir haben gesehen, dass mit dem Gebrauch des Vatertitels Widerstand und Kritik an der Herrschaft Roms verbunden war. Ich habe bewusst das Wort Herrschaft und nicht Macht verwendet, denn es ist wichtig, wie dieses Vaterbild für Frauen gefüllt ist. Frauen lehnen ein Vaterbild ab, das mit Herrschaft, Autorität und Unterdrückung verbunden ist. Aber sie können sich auf eine Rede von Gott einlassen, die Gottes lebensschaffende Macht spiegelt, die Gottes Macht in Beziehung ausdrückt.

In der Bibel (z. B. bei Deuterojesaja und Hosea, vgl. die folgenden Beiträge von Mechthild Alber und Ulrike Bechmann) und im jüdischen Schrifttum (1QH) finden wir Texte, die Frauen den Freiraum eröffnen, Gott als Vater und Mutter anzusprechen. Auch dass z. B. der Vatergott im Matthäusevangelium sich als ein fürsorglicher, ja ein mütterlicher Gott zeigt, kann für Frauen eine befreiende Entdeckung sein. Schon Joachim Jeremias hat darauf hingewiesen, dass „das Wort Vater in seiner Anwendung auf Gott ... für den Orientalen seit ältester Zeit etwas von dem umschließt, was bei uns Mutter bedeutet." (S.15)

Die Legitimation durch die Sprachbilder der Bibel und unsere christlich-jüdische Traditionen ist dabei aber nur ein Weg. Das andere, das wir von eben dieser Tradition lernen können, ist ebenso nötig: eine Sprache zu sprechen, die in unserer Zeit angemessen ist, sei es eine Sprache des Widerstands, sei es eine Sprache, die Verletzungen heilt, die gelingendes Leben beschreibt, oder vielleicht eine Sprache gegen das Vergessen ...

LITERATUR

*Joachim Jeremias,* Abba: Studien zur Neutestamentlichen Theologie und Zeitgeschichte, Göttingen 1966

*Martina Gnadt,* Das Evangelium nach Matthäus, Judenchristliche Gemeinden im Widerstand gegen die Pax Romana, in Kompendium Feministische Bibelauslegung, hrsg. v. Schottroff, L. u. Wacker, M.-Th., Chr. Kaiser, Gütersloher Verlagshaus, Gütersloh 1998, S. 483–498

*Mary Rose D´Angelo,* Abba and Father: Imperial Theology and the Jesus Traditions, in: Journal of Biblical Literature 4 (1992), S. 611–630

## *Bibelarbeit*

### 1. Auf den Bibeltext zugehen

▷ Lied: „Singt dem Herrn, alle Völker und Rassen", Strophen 1–3.

▷ Brainstorming: Die Leiterin (L) lädt die Teilnehmerinnen (TN) ein, sich spontan zu dem gesungenen Lied zu äußern. Dann fragt sie in einem zweiten Schritt nach, was ihnen einfällt, wenn sie „Gott - Vater" hören?

### 2. Den Bibeltext begreifen

▷ L gibt eine Einführung zu dem Gebrauch des Vatertitels für Gott in den biblischen und außerbiblischen Schriften.

▷ Verschiedene Texte, z.B. Mt 6,24–23 und das Vater unser Mt 6,9–14 und die vorne abgedruckten zeitgenössischen Texte (Kasten), in denen Gott als Vater angesprochen wird, werden im Plenum gelesen.

▷ Jede TN sucht sich den Text aus, der sie am meisten anspricht, und spricht mit den Frauen, die sich ebenfalls für diesen Text entschieden haben, in der Kleingruppe darüber:

- Was erahnen / erfahren wir aus diesem Text über diejenigen, die ihn sprechen?
- Warum wird Gott wohl Vater genannt?
- Wie möchten wir Gott nennen?

▷ Über ihre jeweiligen Entdeckungen tauschen sich die Frauen im Plenum aus.

### 3. Mit dem Bibeltext weitergehen

▷ Im Plenum besprechen die Frauen folgende weiterführenden Fragen:
- Wie können wir /wie kann und möchte ich heute zu und von Gott sprechen?
- Wo haben wir die Möglichkeit neue Gottesanreden zu finden, sie einzuüben?
- Gibt es eine Gottesbezeichnung, die für uns heute eine Sprache des „Widerstands" wäre? Oder brauchen wir eine Sprache gegen Gottvergessenheit oder eine heilende Sprache, die Nähe und Beziehung ermöglicht?

▷ Abschluss a: Die Frauen sprechen zusammen das Vaterunser. Nach dem Anfang „Vater unser" bleibt eine Zeit der Stille, in die hinein die Frauen ihre persönlichen Gottesanreden formulieren können.

▷ Abschluss b: Die Frauen beten zusammen das im Beitrag von Mechthild Alber abgedruckte „Mutter unser".

*Mechthild Alber*

# „Kann denn eine Frau ihr Kindlein vergessen?“

Bibelarbeit zu den weiblichen Gottesbildern bei Deuterojesaja

„Kann denn eine Frau ihr Kindlein vergessen, eine Mutter ihren leiblichen Sohn? Und selbst wenn sie ihn vergessen würde: ich vergesse dich nicht.“ (Jes 49,15) Spricht so der Herr der Heerscharen? Der Schöpfer des Himmels und der Erde? Im Bild einer Mutter? Derselbe Gott, der aus Zorn über die Untreue seines Volkes dieses in die Verbannung schickte?

## *Ein namenloser Prophet ...*

Wer sich mit dem Gottesbild bei Deuterojesaja beschäftigt, darf sich auf einige Überraschungen gefasst machen. Dieser Prophet wird sozusagen namenlos hinter dem großen Propheten Jesaja „versteckt“ – man rechnet ihm die Kapitel 40–55 des Jesajabuches zu. Deutero (griech.) bedeutet der Zweite, Deuterojesaja ist also der Zweite Jesaja. Zwischen beiden Propheten liegt eine große geschichtliche Zäsur, nämlich die Eroberung und Zerstörung Jerusalems durch die Babylonier 586 v. Chr. Nicht genug, dass der Tempel zerstört wurde: man führte auch die gesamte Oberschicht ins Exil nach Babylon. Die Babylonier wollten die kulturelle und religiöse Identität der Israeliten auslöschen. Dort wurden die Exulanten mit der Macht und Pracht der babylonischen Kultur und Religion konfrontiert. Dem Gott Marduk waren herrliche Tempelanlagen geweiht. War er nicht eindeutig mächtiger und erfolgreicher als Jahwe, der in dieser Schicksalsstunde sang- und klanglos untergegangen war?

## *Ein Neuanfang*

Das erste Ergebnis dieses neuen Nachdenkens über Gott war eine neue Deutung der Geschehnisse: nicht Gott hatte versagt, sondern die Menschen. Nicht Er hatte Israel preisgegeben, sondern Israel hat seinen Gott preisgegeben. Man kann sich fragen, was es nützt, wenn man sich in seinem Elend auch noch selbst verantwortlich dafür weiß! Aber diese Besinnung ermöglichte es, die schwere Last des Exils als Buße anzunehmen. Weil Israel die Gesetze Gottes nicht eingehalten hatte, weil vor allem das Königshaus und die Oberschicht nur wie die anderen Könige nach Macht, aber nicht mehr nach Gerechtigkeit gestrebt hatte, deswegen waren sie am Ende der Großmacht Babylon unterlegen. Ja, deswegen hatte Gott selbst Jerusalem, seinen „Wohnsitz“ bei seinem auserwählten Volk, preisgegeben in die Hände der Feinde. Gott war also nicht ohnmächtig gegenüber dem babylonischen Gott Marduk – er benutzte sogar die mächtigen Babylonier, um seinem Volk die gerechte Strafe zuzufügen.

Ein hartes Bild von Gott, mit unbarmherzigen Zügen, zumal ja auch Unschuldige mit hineingerissen wurden in den geschichtlichen Gang der Dinge. Aber doch auch ein Bild, das der harten Wirklichkeit nicht auswich! Gott blieb also der Gott seines Volkes, auch im Exil. Ja, die Menschen konnten mit dieser harten Lesart ihrer Geschichte sogar den absoluten Machtanspruch der Babylonier und ihres Gottes Marduk in Frage stellen. Und so beginnt sich ganz langsam ein Bild von Gott herauszuschälen, das uns ganz selbstverständlich ist, das aber erst Ergebnis eines langen geschichtlichen Prozesses ist: Gott Jahwe ist nicht nur der Gott Israels, der ihm Land und Gesetz gibt. Gott Jahwe ist der Gott schlechthin, der Gott des Himmels und der Erde, dem sogar die Babylonier letztlich gehorchen müssen.

## *Ein neuer Ton*

In diesem Bewusstsein wurde die Geschichte Gottes mit seinem Volk neu verstanden. Doch dann trat ein namenloser Prophet auf – oder war es gar eine Prophetin? – und man hörte plötztlich einen ganz anderen, ganz neuen Ton:

*„Tröstet, tröstet mein Volk, spricht euer Gott. Redet Jerusalem zu Herzen und verkündet der Stadt, dass ihr Frondienst zu Ende geht, dass ihre Schuld beglichen ist; denn sie hat die volle Strafe erlitten von der Hand des Herrn für alle ihre Sünden. (...) Steig auf einen hohen Berg, Zion, du Botin der Freude! (...) Erheb deine Stimme, fürchte dich nicht! Sag den Städten in Juda: Seht, da ist euer Gott. (...) Seht, er bringt seinen Siegpreis mit: Alle, die er gewonnen hat, gehen vor ihm her. Wie ein Hirt führt er seine Herde zur Weide, er sammelt sie mit starker Hand. Die Lämmer trägt er auf dem Arm, die Mutterschafe führt er behutsam." (Jes 40,1–11)*

So beginnt die „Predigt" des Deuterojesaja. Er lebte wohl auch unter den Verbannten in Babylon. (Vielleicht war es auch eine Prophetengruppe.) Deuterojesaja verkündet nichts Geringeres, als dass Gott wieder in die Geschichte seines Volkes eingreifen wird. Das zerstreute Volk soll zurückkehren, die verwüstete Stadt Jerusalem wieder aufgebaut werden.

Der Prophet beruft sich mit seiner Botschaft auf Gott selbst. Aber was bedeutet das eigentlich? Dass ein Mensch – oder auch eine Gruppe von Menschen – so sensibel und achtsam ist, dass er hinter allem Lauten, Vordergründigen Gottes Wirken – seine Wirk-lichkeit – wahrnimmt.

Deuterojesaja hat wohl erkannt, dass auch die Macht der Babylonier nicht ewig sein konnte. Er hatte von Kyros gehört, dem Herrscher der Perser, der dabei war, seine Vorrangstellung im vorderen Orient zu erkämpfen. Und Kyros betrieb eine völlig andere Religionspolitik als die Babylonier. Er beließ den unterworfenen Völkern ihre Götter und gab ihnen auch politisch eine gewisse Unabhängigkeit. Allerdings – das war alles noch in weiter Ferne, als der Prophet zu seinen Landsleuten sprach. (So wie bei uns die Reden von der Wiedervereinigung vor dem Fall der Mauer!) Und doch wurde es auf einmal Wirklichkeit: Kyros eroberte Babylon und erließ 538 v. Chr. ein Edikt, das allen Juden die Rückkehr erlaubte.

## *Ein neues Bild von Gott*

Deuterojesaja entwirft also ein neues Bild von Gott. Oder besser gesagt: neue, bisher verborgene Seiten kommen zum Vorschein. Da ist zum einen das Bild des Schöpfers. Gott ist über alles erhaben, weil alles seine Schöpfung ist. Es gibt nicht die vielen Götter, nicht einander widersprechende Schicksalsmächte, es gibt nur den einen Gott. Die Götterbilder des babylonischen Hauptgottes Marduk entlarvt Deuterojesaja als bestenfalls Kunsthandwerk. Der Gott Israels dagegen hat kein Bild, und doch verkündet die ganze Schöpfung seine Größe:

Der Herr ist ein ewiger Gott, der die weite Welt erschuf (vgl. Jes 40,12–31)

Aber dieser ewige Schöpfergott hat sich ein Volk erwählt:

*„Jetzt aber höre, Jakob, mein Knecht, Israel, den ich erwählte. So spricht der Herr, dein Schöpfer, der dich im Mutterleib geformt hat, der dir hilft: Fürchte dich nicht, Jakob, mein Knecht, du, Jeschurun, den ich erwählte. Denn ich gieße Wasser auf den dürstenden Boden, rieselnde Bäche auf das trockene Land. Ich gieße meinen Geist über deine Nachkommen aus, und meinen Segen über deine Kinder. Dann sprossen sie auf wie das Schilfgras, wie Weidenbäume an Wassergräben.“ (Jes 44,1–4)*

Auffällig ist, dass Deuterojesaja sprachlich immer wieder um das Thema Schöpfung – Mutterschaft kreist. Gott ist der Schöpfer, der sich seines Geschöpfes annimmt. Und diese Beziehung ist so eng wie zwischen Eltern und Kindern – ja Gott selbst erscheint in den Zügen einer Mutter:

*„Ich hatte sehr lange geschwiegen, ich war still und hielt mich zurück. Wie eine Gebärende will ich nun schreien, ich schnaube und schnaufe.“ (Jes 42,14)*

*„Hört auf mich, ihr vom Haus Jakob, und ihr alle, die vom Haus Israel noch übrig sind, die mir aufgebürdet sind vom Mutterleib an, die von mir getragen wurden, seit sie den Schoß ihrer Mutter verließen. Ich bleibe derselbe, so alt ihr auch werdet, bis ihr grau werdet, will ich euch tragen. Ich habe es getan, und ich werde euch weiterhin tragen, ich werde euch schleppen und retten.“ (Jes 46,3–4)*

*„Zion sagt: Der Herr hat mich verlassen, Gott hat mich vergessen. Kann denn eine Mutter ihr Kindlein vergessen, eine Mutter ihren leiblichen Sohn? Und selbst wenn sie ihn vergessen würde: ich vergesse dich nicht.“ (Jes 49,15)*

Deuterojesaja greift diese mütterlichen Bilder also sicherlich bewusst auf. Er möchte damit eine neue Dimension der Gotteserfahrung eröffnen: die gewaltige Größe Gottes, Gottes zugleich gebärende, schöpferische und erbarmende Kraft. Interessant ist in diesem Zusammenhang auch das immer wiederkehrende Bild von der grünenden Erde:

*„Ich gieße Wasser auf den dürren Boden, rieselnde Bäche auf das trockene Land. Ich gieße meinen Geist über deine Nachkommen aus und meinen Segen über deine Kinder. Dann sprossen sie auf wie das Schilfgras, wie Weidenbäume an Wassergräben.“ (Jes 44,3–4)*

## *„Kann eine Mutter ihr Kindlein vergessen?"*

Der Prophet knüpft an die frühkindliche Erfahrung an, in der wir an dieser mütterlich-göttlichen Liebe teilhaben dürfen, von wo aber immer noch ein ungedeckter Sehnsuchtsrest übrigbleibt. Die Mutter-Kind-Beziehung wird also zum Ort der Gotteserfahrung, denn im Urvertrauen wird die Grundlage aller Beziehungen gelegt, auch die zu Gott. Damit zeigt sich aber auch unsere Verantwortung, selbst diesen mütterlich-heilenden Kräften in uns und in der Welt zum Durchbruch zu verhelfen. *Ruhama,* das hebräische Wort für Erbarmen, bedeutet zugleich auch Mutterschoß. In der weiblich-schöpferischen Potenz wurzelt zugleich auch die menschliche Fähigkeit zum Erbarmen.

Der Schöpfer, der Gott des Himmels, ist also nicht nur unendlich fern. Als Schöpfer hat er auch die Erde und seine Geschöpfe, die Menschen, begabt.

*„Taut, ihr Himmel, von oben, ihr Wolken lasst Gerechtigkeit regnen! Die Erde tue sich auf und bringe das Heil hervor, sie lasse Gerechtigkeit sprießen. Ich der Herr will es vollbringen." (Jes 45,8)*

LITERATUR

Zeitenwende, Lese- und Arbeitsbuch zu Deuterojesaja, hrsg. v. Kath. Bibelwerk e.V., Stuttgart
*Peter Höffken,* Das Buch Jesaja. Kapitel 40–66, Reihe: Neuer Stuttgarter Kommentar – Altes Testament, Bd 18/2, Verlag Kath. Bibelwerk, Stuttgart 1998

## *Bibelarbeit*

### 1. Auf den Bibeltext zugehen

- ▷ In der Mitte des Raumes liegen verschiedene Bilder zum Thema: Mutter-Kind-Beziehung. In der Mitte liegt ein Plakat mit dem Bibelzitat:
  „KANN EINE MUTTER IHR KINDLEIN VERGESSEN?"
- ▷ Die Leiterin fragt die Teilnehmerinnen:
  Was löst dieser Satz, diese Bilder bei mir aus? Wo habe ich mütterliches Vertrauen erfahren? (was ja nicht auf die Person der Mutter beschränkt bleibt – auch Vater, andere Personen, Natur etc. kommen in Frage) Gab es Situationen, in denen dieses Vertrauen mir in schwierigen Situationen geholfen hat?
- ▷ Die Frauen werden dann eingeladen, ihre Gedanken und Gefühle in Bodenbildern zu gestalten (mit Tüchern, Gegenständen, den Bildern etc.) ca. 15 min.
- ▷ Danach erfolgt ein Austausch darüber in Kleingruppen. (Man muss nur das erzählen, was man will!)

## 2. Mit dem Bibeltext arbeiten

- ▷ Jes 49,14–16 wird laut gelesen.
- ▷ Die Leiterin gibt Hintergrundinformationen zur geschichtlichen Situation des Textes (siehe Einführung).
- ▷ Fragen zum Gespräch: Deuterojesaja möchte seinen Zuhörern Mut machen. Wie geht er dabei vor? (Deuterojesaja benennt das Grundgefühl seiner Zuhörer: Gott hat uns verlassen, stellt es aber in einen neuen Horizont, indem er an die Urerfahrung kindlicher Geborgenheit erinnert. Er weiß um die Brüchigkeit dieser Erfahrung, die wohl in diesen schwierigen Zeiten viele Menschen und Kinder erleiden mussten, aber er projeziert die Sehnsüchte nach urkindlicher Geborgenheit auf Gott selbst und erschließt damit die mütterlich-erbarmende Seite Gottes, der zugleich Schöpfer und Erlöser ist.)
- ▷ Weitere Stellen bei Deuterojasaja werden auf ihre weiblichen Züge von Gott hin gelesen, z. B. Jes 42,14; Jes 46,3–4. Die Leiterin informiert, was dieses Gottesbild in damaliger Zeit bedeutete (Gott als universaler Schöpfergott, dessen weibliche Anteile sich jetzt offenbaren).

## 3. Mit dem Text weitergehen

- ▷ Das leicht veränderte Bibelzitat „UND SELBST WENN meine Mutter mich VERGESSEN WÜRDE: du vergisst mich NICHT!“ können die Teilnehmerinnen ergänzen: „DU...“
- ▷ Sie schauen nochmals die Bodenbilder an: Können mütterliche Urerfahrungen bzw. die Sehnsucht danach auch Wege zu Gott sein?
- ▷ Wer will, kann an seinem Bild noch weiterarbeiten.
- ▷ Alternative: Die Teilnehmerinnen tauschen sich aus: Was bedeuten diese weiblichen Gottesbilder für mich und meinen Bezug zu Gott? und sprechen abschließend das folgende Gebet:

mutter unser
dein name werde wichtig
deine weiblichkeit selbstverständlich
wie im himmel
so auf erden
in deiner kirche
nähre uns an leib und seele
lass uns wachsen und teilen
was wir in fülle
von dir erhalten

vergib uns
wenn wir auf kosten anderer leben
und führe uns
auf der suche nach einem leben in fülle
deine kraft und dein reich
werden die erde wandeln

*Jutta Schnitzler*

*Ulrike Bechmann/Anneliese Hecht*

# „Gott ist wie eine Mutter ... “

Weibliche Gottesbilder neu entdecken am Beispiel von Hosea 11
Bibelarbeit zum Thema

Die Darstellungen von Göttinnen und Göttern, die in Israel zum Alltag gehörten, sind uns fremd und unbekannt. Doch kann man eine Reihe alttestamentlicher Aussagen über Jahwe besser verstehen, wenn man sie vor dem Hintergrund dieser Bilder liest *(s. Einführung)*. Denn weibliche Symbole und Bilder beeinflussten auch die Verkündigung Jahwes. Doch im Laufe der Zeit ging das Wissen um diese Bilder verloren. Und schließlich verschwanden durch die Übersetzungen der Bibel die Elemente weiblicher Gottesrede oft ganz. Wie mühsam es ist, weibliche Gottesbilder wiederzugewinnen, soll am Beispiel des 11. Kapitels des Hoseabuches gezeigt werden.

Das Buch des Propheten Hosea beginnt mit Königsnamen, die ein Wirken des Propheten im 8. Jh. v. Chr. im Nordreich Israel annehmen lassen. Der gesamte Text des Buches ist aber vermutlich über längere Zeiträume gewachsen, bis es in seiner jetzigen Gestalt fertiggestellt war. An Hos 11 lässt sich gut beobachten, wie die Darstellung von Göttinnen im Gottesbild Jahwes sprachlich umgesetzt wurden. Für die Menschen der damaligen Zeit, die alltäglich mit den Bildern von Göttinnen umgingen, waren die Anspielungen natürlich verständlich. Für uns heute, die wir diese Überlieferung nicht haben, erschließt sich dieser Aspekt im hoseanischen Gottesbild nur mühsam aus der Religionsgeschichte. Dazu ist es nötig, die Bildtraditionen Israels mit Hosea 11 in Verbindung zu bringen.

Außerdem müssen die Bibelübersetzungen einer neuen Prüfung unterzogen werden. Der hebräische Text in Kapitel 11 kann nämlich nicht ganz eindeutig gelesen werden. Weitergehende Argumente helfen bei der Entscheidung, wie der Text übersetzt werden kann. Die Alttestamentlerin Helen Schüngel-Straumann hat das Kapitel neu übersetzt und interpretiert und ihren Aufsatz „Gott als Mutter in Hos 11“ betitelt. Zwar wird Gott in Hos 11 nicht direkt „Mutter“ genannt. Dennoch fasst diese Überschrift des Aufsatzes etwas zusammen, was sich in der Rede von Gottes Zuwendung zu Israel finden lässt.

## *Hosea 11,1–11*

1. Als Israel jung war, gewann ich ihn lieb,
   aus Ägypten rief ich meinen Sohn.
2. Doch wie ich sie rief,
   so liefen sie von mir weg,
   den Baalen opferten sie,
   und den Bildern räucherten sie.

3. Dabei war ich es doch, der Efraim gestillt hat,
indem ich ihn auf meine Arme nahm.
Sie jedoch begriffen nicht,
dass ich sie pflegte.
4. Mit menschlichen Seilen zog ich sie,
mit Stricken der Liebe.
Und ich war für sie wie solche,
die einen Säugling an ihren Busen heben,
und ich neigte mich zu ihm,
um ihm zu essen zu geben.
5. Zurück muss er nach Ägyptenland,
und Assur wird sein König sein,
weil sie sich weigerten umzukehren.
6. Und das Schwert wird in seinen Städten wüten
und seine Schwätzer vertilgen,
und sie werden aufessen müssen,
was sie sich eingebrockt haben.
7. Aber mein Volk hält fest am Abfall von mir:
Zum Baal ruft man,
aber der zieht sie nie und nimmer groß.
8. Wie soll ich dich preisgeben, Efraim?
ich dich aufgeben, Israel?
Wie kann ich dich preisgeben wie Adma?
dich behandeln wie Zeboim?
Es kehrt sich gegen mich mein Herz,
ganz und gar ist entbrannt mein Mutterschoß.
9. Nicht kann ich meinen glühenden Zorn vollstrecken,
nicht kann ich (mein Inneres) nochmals umdrehen,
um Efraim zu verderben.
Denn Gott bin ich und nicht Mann
in deiner Mitte heilig,
und nicht komme ich, um zu zerstören.
10. *(nicht übersetzt, da später Einschub)*
11. Da kommen sie zitternd herbei wie Vögel aus Ägypten
und wie die Taube aus dem Lande Assur.
Und ich lasse sie heimkehren in ihre Häuser. Spruch Jahwes

*Diese Arbeitsübersetzung von Helen Schüngel-Straumann ist veröffentlicht in ihrem Aufsatz: Gott als Mutter in Hos 11, in: Theologische Quartalschrift Bd. 166, 1986, 119–134.*

**Hos 11,1-3**

In Hos 11 wird Israel in V. 1 als „Sohn" angesprochen. Damit ist zwar Israel im Bild eines männlichen Kindes gefasst, doch Gott wird dadurch nicht automatisch auch männlich. Gott kann hier auch weiblich-mütterlich verstanden werden: Israel wird als Kleinkind gezeigt, das wie jeder Säugling zärtliche, mütterliche Fürsorge benötigt. Darin stimmen die Interpretationen überein. Doch wie diese zärtliche Fürsorge aussieht, dazu gibt es in den folgenden Versen sehr unterschiedliche Meinungen.

*„Dabei war ich es doch, der Efraim gestillt hat, indem ich ihn auf meine Arme nahm. Sie jedoch begriffen nicht, dass ich sie pflegte." (V. 3, Schüngel-Straumann)*

Zur Diskussion steht das seltene hebräische Wort *tirgalti* in V. 3, das nur einmal vorkommt und oft als „Laufen lehren" übersetzt wird: *„Dabei war ich es doch, der Efraim gehen lehrte ..."* steht in der Einheitsübersetzung. Eine zweite Bedeutung, nämlich „säugen, stillen", erschließt sich aus einer gleichlautenden Wortwurzel im Arabischen. Helen Schüngel-Straumann entscheidet sich für diese Ableitung, weil dadurch das Bild aus V. 1, Israel als kleines Kind, weitergeführt wird. Es wird auf die Arme genommen und gepflegt, wörtlich eigentlich: geheilt. Unterstützt wird die Interpretation dadurch, dass man kein Kind lehren kann zu gehen, indem man es *auf* den Arm nimmt.

Die verschiedenen Übersetzungen spiegeln das Gottesbild, das, - bewusst oder unbewusst - bei der Übersetzung eingetragen wird. Wer Gottes Liebe von Anfang an als *Vater*liebe denkt, kann dann in V. 3 gar nicht mehr „stillen" übersetzen, da nur eine Mutter stillen kann. Wer aber ernst nimmt, dass Israel zwar ausdrücklich als Sohn, Gott aber hier nicht als Vater bezeichnet wird, kann im Bild bleiben, dass Gott Israel aufzieht wie eine Mutter ihr Kind.

**Hos 11,4**

*„Mit menschlichen Fesseln zog ich sie an mich, mit den Ketten der Liebe. Und ich war für sie wie die, die den Säugling an ihre Wangen heben. Ich neigte mich ihm zu und gab ihm zu essen." (V. 4)*

So übersetzt etwa die Einheitsübersetzung und schließt damit im Bild bleibend an V. 3 mit Efraim als Säugling, der gefüttert wurde, an. Andererseits kann man in der revidierten Lutherübersetzung finden:

*„Ich ließ sie ein menschliches Joch ziehen und in Seilen der Liebe gehen und half ihnen das Joch auf ihrem Nacken tragen und gab ihnen Nahrung." (V. 4)*

Ob man Israel hier als Kind sieht, das an die Wangen gehoben wird, oder als Rind, dessen Joch man aufhebt: im Hebräischen liegt der Unterschied nur in einem einzigen Vokal, der in den Handschriften in der Regel nicht mitgeschrieben wurde. Je nachdem, ob man ein *u* oder ein *o* ergänzt, hat man die Lesung Säugling *(ᶜul)* oder Rind *(ᶜol)*.

Ähnlich nahe beieinander liegen die beiden Worte, die entweder mit „Nacken", mit „Wangen" oder mit „Brust" (s. Übersetzung H. Schüngel-Straumann) übersetzt werden. Auch hier kommt es darauf an, welche hebräische Lesart zugrunde gelegt wird. Das Wort wird in der Bibel nur noch einmal gebraucht, nämlich in Rut 4,16. Dort drückt Noomi das Kind an ihre *Brust.* Übersetzt man also in V. 4 mit „Brust", dann bleibt einerseits das Bild (Israel als Säugling) gewahrt, und die beiden Stellen, an denen das Wort vorkommt, müssen nicht unterschiedlich verstanden werden. Alle Übersetzungen streichen die Fürsorglichkeit Jahwes Israel und seiner Geschichte gegenüber heraus.

Völlig ungewöhnlich wäre das nicht. Für eine mütterliche Handlung und Haltung Jahwes als Hintergrund für diesen Text spricht das Bildmaterial, das etwa ab der Zeit Hoseas in Israel und Juda verbreitet war *(s. auch Einführung).* Zunehmend tauchen Figürchen auf, die wohl aus der Familienreligion stammen, freie Brüste haben und einen Glockenrock tragen. Die Brüste werden betont, die Scham gar nicht mehr dargestellt. Auf den Siegeln herrscht die Darstellung der nährenden Göttin, manchmal mit Kind an der Brust, vor. Diese Entwicklung gibt es auch in Ägypten. Dort findet das Bild der stillenden Göttin Isis mit dem Horuskind auf dem Schoß Anhängerinnen. Diese nährende Göttinnentradition im Israel des Hosea markiert einen neuen Typ: die *fürsorglichen und nährenden* Göttinnen werden betont. Gerade in Samaria, der Hauptstadt des Nordreiches Israel, wurden solche Darstellungen gefunden. Die Menschen benutzten sie als Beigaben in Gräbern oder auch als Segensfigürchen in den Häusern. Es liegt nahe, sie als von Frauen bevorzugte Darstellung zu sehen. (siehe die Abbildungen im Anschluss an diesen Beitrag)

Ob Jahwe in Hos 11 als Vater oder als Mutter gesehen wird, lässt V. 4 für die Interpretation offen. Viele Kommentare interpretieren die Liebe Gottes als Vaterliebe, obwohl vom Vater überhaupt nicht die Rede ist. Der Text sagt: „Und ich war für sie wie solche, ...". Eine umständliche Formulierung, die gerade keine geschlechtliche Zuordnung vornimmt. Möglicherweise soll beides anklingen, Vater *und* Mutter.

Assyrien war inzwischen zur neuen Macht aufgestiegen. Die Eroberung des Nordreichs Israel 732 v. Chr. brachte auch für das noch halbwegs selbständige Südreich Juda starke Umwälzungen. Diese Vorherrschaft schlägt sich auch in der darstellenden Kunst nieder. Assyrische Göttersymbole und Theologie finden jetzt Eingang in die Siegel und Amulette in Palästina. Im 8. und 7. Jh. konnten unterschiedliche Götter und Göttinnen in Assyrien als „Vater und Mutter" angesprochen werden und beide Bilder bzw. Rollen jeweils in sich vereinigen. „Ich bin dein Vater und deine Mutter. Zwischen meinen Flügeln habe ich dich großgezogen, ich werde deinen Erfolg sehen" spricht eine Gottheit zu dem König Asarhaddon. Wahrscheinlich ist es die Göttin Ischtar von Arbela. Aber auch Dtn 32,28 vereint väterliches und mütterliches Verhalten: „Den Felsen, der dich *zeugte,* hast du vernachlässigt und den Gott, der dich unter Wehen *gebar.*"

All diese Aspekte zusammengenommen machen es wahrscheinlich, dass Hosea das Gottesbild entsprechend der Göttinnenbilder zeichnet, die für die Menschen wichtig waren. Dabei überträgt er deren Funktion, fürsorgend, nährend, schutzgebend zu sein, auf Jahwe.

**Hos 11,8-9**

In Hos 11,8–9 spricht Jahwe Israel direkt an. Jahwe spricht von seinem Gefühlsleben und *seiner* (nicht Israels) Umkehr. Mitleid bewegt Jahwe, Reue ist entbrannt: „es kehrt sich gegen mich mein Herz". Das hebräische Wort *nachumim* heißt Reue, Erbarmen, Mitleid und entspricht in der Bedeutung wie im Klang dem Wort *rachumim,* das von rechem, Mutterschoß, kommt.

Gefühle verbindet man mit verschiedenen Teilen des Körpers. Für uns gehören Liebe und Herz zusammen oder es ist „eine Laus über die Leber gelaufen", wenn jemand sauer ist. Anders als bei uns sitzen aber in Israel die Gefühle nicht im Herz, sondern im Schoß. Der Mutterschoß, *rechem,* das Wort, das auch Hosea für den Ort der Reue Gottes nennt, ist der Ort des Erbarmens, der Umkehr, des Mitleids. Diese Gefühle gelten auch für Männer, nicht nur für Frauen (vgl. Jes 49,5). Gottes Erbarmen und Barmherzigkeit gehören zu den immer wiederkehrenden Motiven der biblischen Texte. Beide Gefühle, die zugleich Handlungen beschreiben, sind mit dem Mutterschoß verbunden. Die Eingeweide kehren sich in Gott selbst um. Die Folge ist, dass der vorher angekündigte glühende Zorn abkühlt und die Vernichtung Israels unterbleibt.

*„Nicht kann ich meinen glühenden Zorn vollstrecken, nicht kann ich (mein Inneres) nochmals umdrehen, um Efraim (= das Nordreich Israel) zu verderben." (V. 8, Schüngel-Straumann)*

Die Unheilsankündigung ist aufgehoben. Gottes Mitleid und Erbarmen, die Reue über die beschlossene Gewalt gewinnen Oberhand. Interessant ist die Begründung:

*„Denn Gott bin ich und nicht Mann, in deiner Mitte heilig, und nicht komme ich, um zu zerstören." (V. 9)*

Auch für diesen Vers kann man unterschiedliche Übersetzungen finden, obwohl diesmal der hebräische Text eindeutig ist: „Mann", *'isch,* steht im Hebräischen als Gegensatz zu Gott, *El.* Wenige Übersetzungen, darunter die bekannte von Buber/Rosenzweig, folgen diskussionslos dieser wörtlichen Übersetzung. In den geläufigen deutschen Übersetzungen aber heißt es: „Gott bin ich und nicht Mensch". Wenn sonst ein Gegensatz zwischen Mensch und Gott aufgezeigt werden soll (z. B. Jes 31,3; Ez 28,29; Num 23,19), wird das eigentliche Wort für Mensch, *'adam,* gebraucht. Die Unterscheidung kommt von der Schöpfungsgeschichte her. In Gen 2 ist bei der Menschenschöpfung bis V. 24 von *'adam* (Mensch) die Rede, erst als die Frau von Gott geschaffen ist, wird *adam* unterschieden in *'isch* (Mann) und *'ischah* (Frau). Luther übersetzte das Wortspiel mit Mann und Männin, um diesen Zusammenhang deutlich zu machen. In Hos 11 jedenfalls ist nur von *'isch,* dem Mann, die Rede.

Nun wird oft eingewandt, hier gehe es nicht um den Gegensatz Mann/Frau, sondern um Gott/Mensch, da könne auch *'isch,* Mann, stehen. Das entspricht aber nicht dem Befund der Bibel. Nur einmal, in Num 23,19, wird in einer parallelen Zeile sowohl *'adam* als auch *'isch,* Mann, als Gegensatz zu Gott verwendet. Dieser Text ist gleichzeitig ein schönes Beispiel dafür, dass es um das Gottesbild eine

Diskussion zwischen alttestamentlichen Texten gibt und ganz gegensätzliche Meinungen geäußert werden. Denn in Num 23,19 haben wir die genau entgegengesetzte theologische Aussage zu Hos 11. *„Gott ist kein Mann, der lügt, kein Menschensohn, dass ihn etwas reute; spricht er etwas und tut es dann nicht, sagt er etwas und hält es dann nicht?"*

Hosea aber verkündet, dass Gott etwas reuen und versprechen kann, das dann nicht eingelöst wird: dann nämlich, wenn es nicht um eine gute Verheißung, sondern um eine Strafankündigung geht, um das „Versprechen" der Zerstörung. Diese Diskussion gibt es auch innerhalb des Hoseabuchs selbst. Die Kinder Hoseas tragen Unheilsnamen. Aber „mein Volk" (11,1) widerspricht dem Namen eines Kindes von Hosea „Nicht-mein-Volk", (1,9) bzw. hebt diese Unheilsansage auf. Ebenso hebt das Erbarmen Gottes (11,9) den Namen eines weiteren Kindes Hoseas „Nicht-Erbarmen" (1,6) auf.

In Hos 11,9 geht es nicht um den Gegensatz von Mann und Frau im Sinne des Geschlechts. Genau das lehnt die umständliche Formulierung, „Ich war für sie wie solche ...", aus V. 4 ab, wo solche Eindeutigkeit vermieden wird. Eindeutig ist hier, dass es um männliches Rollenverhalten geht, um das Wüten und Zerstören einer Stadt, um die Kriegsführung als solche. Der Kontrast zwischen zärtlicher Zuwendung und kriegerischem Verhalten wird betont. Die *Rollen* von Männern und Frauen (damals wie heute) sind allerdings eindeutig: die Zuwendung und das Aufziehen von Kindern wird den Frauen, der Krieg den Männern zugewiesen. Wenn Gott also sagt, er vollstrecke seinen Zorn nicht, weil er Gott und kein Mann sei, dann heißt das, dass Gott sich nicht hinreißen lässt, wie Männer im Krieg zu wüten und Efraim zu vernichten. Beide Elemente, männliche wie weibliche, sind vorhanden und streiten miteinander in Jahwe selbst. Dies spiegelt wider, was in den Siegeln und Bildern mit der nährenden und stillenden Göttin einerseits und den triumphierenden, kriegerischen Göttern andererseits verbunden ist, die Zuwendung und der Segen, die Zerstörungskraft und der Zorn.

## *Ausblick*

Dieses Beispiel wäre missverstanden, wollte man die zärtlichen, fürsorglichen Aspekte auf Göttinnen und die Mutterrolle und die kriegerischen Aspekte auf die Götter und Männerrollen allein verteilen. Kriegerische Göttinnen zieren die Siegeln genauso, wie auch ein mit männlichen Metaphern beschriebener Gott fürsorglich handeln kann. Hosea selbst bietet ein Beispiel in Hos 13,8: Einer wütenden Bärin gleich wird Jahwe über das von ihm abgewandte Volk herfallen.

Die Forschung zu Hos 11 zeigt: eine gezielte Suche nach weiblichen Gottesbildern verspricht noch manche wichtigen Einsichten. Dadurch wird klar, wie vielfältig und ohne Scheu weibliche Gottesbilder in biblischen Texten verwendet werden. Es wäre schon viel gewonnen, wenn diese Erkenntnis an Raum gewinnt. Dann wäre es selbstverständlich, Gott nicht mehr einseitig mit männlichen Bildern zu verkünden. Der Schatz vielfältigen Redens von Gott könnte gehoben werden und die Verkündigung würde für viele das Gottesbild nicht mehr verdunkeln.

## LITERATUR


*Keel, Othmar,* Jahwe in der Rolle der Muttergottheit, in: Orientierung 53, 1989, 89-92

*Nissinen, Martti,* Prophetie, Redaktion und Fortschreibung im Hoseabuch. Studien zum Werdegang eines Prophetenbuches im Lichte von Hos 4 und 11, Kevelaer/Neukirchen-Vluyn 1991 (Alter Orient und Altes Testament, Bd. 231)

*Schroer, Silvia,* Die Göttin auf den Stempelsiegeln aus Palästina/Israel, in: Keel, O./Keel-Leu, H./Schroer, S.: Studien zu den Stempelsiegeln aus Palästina/Israel, Bd. II, Fribourg Göttingen 1989

*Schroer, Silvia/Staubli, Thomas,* Die Körpersymbolik der Bibel, Darmstadt 1998

*Schüngel-Straumann, Helen,* Gott als Mutter in Hos 11, in: Theologische Quartalschrift 166, 1986, 119–134

*Wacker, Marie-Theres,* Figurationen des Weiblichen im Hosea-Buch, Freiburg u.a. 1996 (Herders biblische Studien Bd. 8)

*Wacker, Marie-Theres,* Hosea 11,1–11: Gott, Mutter der Barmherzigkeit, in: Schmidt, E.R./Korenhof, M./Jost, R., Feministisch gelesen, Bd. 2, 1989, 164–173

*Urs Winter,* Frau und Göttin. Exegetische und ikonographische Studien zum weiblichen Gottesbild im Alten Israel und dessen Umwelt (OBO 53), Fribourg Göttingen 2/1987


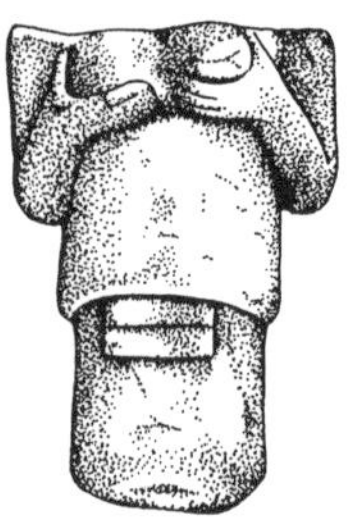
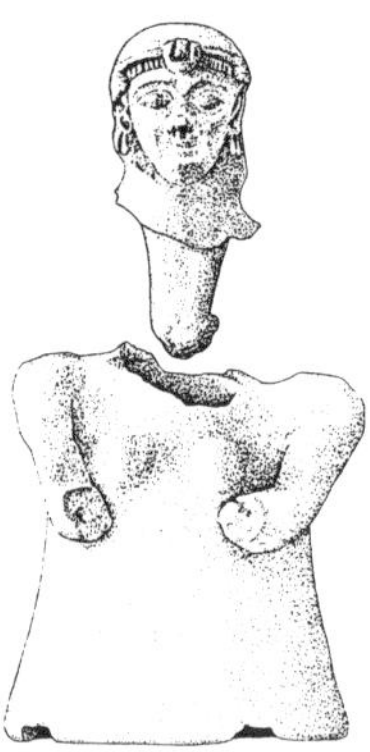

*Abb. 1:* Göttin, bekleidet, Brüste betont, Megiddo, Eisenzeit II C = ca. 734–600 v. Chr.

*Abb. 2:* Göttin, Kopf mit Schmuck hebt Hoheit heraus, bekleidete Brüste betont, Fundort unbekannt, Eisenzeit II C = ca. 734–600 v. Chr.

*Abb. 3:* Göttin stillt Kind; judäische Angleichung an Isis-Horus-Motiv aus Ägypten; Lachisch, Eisenzeit II B = 8./7. Jh. v. Chr.

*Abb. 4:* Ägyptische Göttin Isis mit dem Horuskind in der Mutterrolle, Küstenebene, Eisenzeit III = ca. 600–450 v. Chr.

▷ Der Text wird abschnittsweise gelesen in der Übersetzung nach H. Schüngel-Straumann (s. oben). Nach jedem Abschnitt machen die Teilnehmerinnen für sich selbst eine Geste oder sprechen leise ein Wort, worin sich der Textabschnitt für sie selbst bündelt (evtl. mit geschlossenen Augen, damit sich niemand beobachtet fühlt.)

▷ Nachdem der gesamte Text gelesen wurde, ist in der Gruppe die Gelegenheit, sich über die eigene Gesten oder deutenden Worte, die gefunden wurden, auszutauschen.

▷ Anschließend wird die gelesene Übersetzung mit der Einheitsübersetzung und/oder Lutherübersetzung verglichen.
Zunächst besprechen die Gruppenmitglieder evtl. auftretende Schwierigkeiten. Danach tragen sie in einem Raster die vorkommenden Bilder von Gott (bzw. von Israel) nach der Schüngel-Straumann-Übersetzung, der Einheitsübersetzung/Lutherübersetzung und eigene Fragen ein:

| Gottesbild | Schüngel-Straumann | Einheitsübersetzung/ Lutherübersetzung | Eigene Fragen |
|---|---|---|---|

Im folgenden Gespräch sollte auch auf die Schwierigkeiten der Übersetzung hingewiesen werden, d. h. vor allem auf das umstrittene „stillen" oder „laufen lehren". In beiden Fällen jedoch lag die Kindererziehung in den Händen der Frauen, so dass JHWH hier weibliche Tätigkeiten ausübt.
Neben dem mütterlichen Bild der Sorge achtet Hosea jedoch sehr auf eine Sprache, die Gott weder auf Mann noch auf Frau festlegt: „Ich war wie diejenigen, die ..." (Plural!).

▷ Abschluss: Die TN schreiben ein eigenes Gebet oder eine eigene Aktualiserung, die als Geschichte beschreibt, wie sie Gottes Wirken an seinem Volk erfahren und suchen dabei eigene Bilder, wie Gott für sie ist.

*Beate Brielmaier*

# Gott – eine Hausfrau?

Bibelarbeit zum Gleichnis von der verlorenen Drachme (Lk 15,8–10)

Wer kennt sie nicht, die Gleichnisse vom barmherzigen Vater und vom verlorenen Schaf? Viel gelesen und häufig bepredigt sind sie sogar den Bibelunkundigen vertraut. Gern überlesen wird dagegen das kleine Gleichnis dazwischen: Das Gleichnis von der verlorenen Drachme. Lukas ist der einzige der vier Evangelisten, der das kleine Gleichnis (es hat nur drei Verse!) erzählt. Es gehört, wie auch das Gleichnis vom barmherzigen Vater, zum sogenannten lukanischen Sondergut.

Wer in die Sonntagsleseordnung der katholischen Kirche schaut, wird bemerken: Im Lesejahr C, dem Lukasjahr, hat man einmal (24. Sonntag im Jahreskreis) in drei Jahren die Chance, das Gleichnis von der verlorenen Drachme zu hören, aber nicht als einziges Gleichnis. Je nachdem, ob die Kurz- oder Langfassung gewählt wird, hören wir alle drei oben genannten Gleichnisse zusammen oder das Gleichnis vom verlorenen Schaf und das Gleichnis von der verlorenen Drachme. Hinzu kommt, dass das Gleichnis ganze drei Verse hat und somit oft nicht wahrgenommen wird. Wen wundert es noch, dass das Gleichnis kaum bekannt ist?

## *Gottesbilder*

Das Gleichnis vom Hirten, der sein verlorenes Schaf sucht und vom barmherzigen Vater, der dem zurückkehrenden Sohn mit offenen Armen entgegengeht, haben eine lange Wirkungsgeschichte, insbesondere was das Gottesbild anbelangt. Dagegen wird und wurde das Gleichnis von der verlorenen Drachme selten in Zusammenhang mit Gott gebracht.

Das liegt zunächst vielleicht einfach daran, dass die Gleichnisse von Lukas 15 so unterschiedlich lang sind. Nach der redaktionellen Einleitung durch Lukas (Lk 15,1–3) schließt zunächst das Gleichnis vom guten Hirten an (Lk 15,4–7), danach das Gleichnis von der suchenden Hausfrau (Lk 15,8–10), schließlich das lange Gleichnis vom barmherzigen Vater:

| | |
|---|---|
| 1–2 | Redaktionelle Einleitung durch Lukas |
| 3 | Überleitung zu den Gleichnissen |
| 4–6 | Gleichnis vom guten Hirten |
| 7 | Deutung des Gleichnisses |
| 8–9 | Gleichnis von der verlorenen Drachme |
| 10 | Deutung des Gleichnisses |
| 11–32 | Gleichnis vom verlorenen Sohn/barmherzigen Vater |

Die beiden ersten Gleichnisse sind parallel aufgebaut und beschreiben denselben Vorgang, jeweils im anderen Handlungsfeld. Lukas erzählt ganz bewusst neben dem Gleichnis mit Handlungsort „Männerwelt" dasselbe Gleichnis mit Handlungsort „Frauenwelt". Beide Gleichnisse betonen ein liebendes, zuwendendes Handeln. Als Gottesbild gelesen, wird in männlicher und weiblicher Perspektive in den menschlichen Bildern etwas von Gottes Sein erzählt: Das Einzelne/der Einzelne/die Einzelne ist unendlich kostbar und jede Mühe wert. Hier zählt nicht der objektive Wert eines Einzelnen in der Summe des Ganzen, sondern jede/s/r Einzelne hat einen unschätzbaren, einzigartigen Wert:

*Oder wenn eine Frau zehn Drachmen hat und eine davon verliert, zündet sie dann nicht eine Lampe an, fegt das ganze Haus und sucht unermüdlich, bis sie das Geldstück findet? Und wenn sie es gefunden hat, ruft sie ihre Freundinnen und Nachbarinnen zusammen und sagt: Freut euch mit mir; ich habe die Drachme wiedergefunden, die ich verloren hatte. Ich sage euch: Ebenso herrscht auch bei den Engeln Gottes Freude über einen einzigen Sünder der umkehrt. (Lk 15,8–10)*

Gott im Bild des Hirten, des barmherzigen Vaters und hier im Bild einer ganz gewöhnlichen Hausfrau? Was für manchen eine Zumutung erscheint, ist für andere eine Bereicherung. Das Gleichnis beschenkt uns mit einem andersartigen Akzent im Gottesbild.

## *Aus dem Lebensbereich einer Frau*

Ausgangspunkt im Gleichnis ist eine Frau, die zehn Drachmen besitzt. Für diese Frau ist es ein großer Betrag, worauf die Mühe schließen lässt, mit der sie sucht. Im palästinensischen, fensterlosen Haus ist das sicher nicht einfach; deshalb verwendet sie den Besen, um das Geräusch zu hören, falls sie die Münze beim Dämmerlicht übersehen sollte. (Nähere Informationen zur Zeit- und Kulturgeschichte des Lebens einer Frau finden sich im Beitrag von Ina Lamp in Band 4 dieser Reihe „Frauendinge".)

Das Gleichnis erzählt nach der eifrigen Suche von der großen Freude über die gefundene Drachme. Verständlich ist die Freude allen, die wissen, dass die Drachme für ein bis zwei Tage reicht, um das Lebensnotwendige für die Familie zu kaufen. Logischerweise müsste die Frau die gefundene Drachme wieder zu ihrem Geldvorrat legen und an die Arbeit gehen. Ihre Reaktion ist ein andere: Sie lädt Nachbarinnen und Freundinnen ein, um ihre Freude zu teilen und mitzuteilen. Wer sich ein wenig kundig macht über die Gastfreundschaft im Orient damals wie heute muss annehmen: Die Freude der Frau über ihre wiedergefundene Drachme war sicher keine nüchterne Angelegenheit, die nur mit Worten begangen wurde, sondern endete sicher in einem gemeinsamen Mahl mit den Zutaten, die im Haus waren.

## *Gott im Bild einer Hausfrau*

Das erzählte Gleichnis schildert ohne Zweifel eine Alltagssituation aus einem ganz gewöhnlichen Frauenleben in der damaligen Zeit. Für heutige Leserinnen mag die Frau in einer Rolle beschrieben sein, die eher erschreckt: Hausfrau zu sein hieß, das Haus zu hüten, im Halbdunkel die Hausarbeit verrichten, auf jede Drachme angewiesen sein, evtl. ein wenig Kontakt zu Nachbarinnen haben. Wenn Gott im Bild dieses Hausfrau-Daseins zu finden ist, heißt das nicht, dass damit alle unbefriedigenden Tätigkeiten oder Situationen gerechtfertigt werden oder gar überhöht betrachtet werden müssen.

Das Gleichnis lädt vielmehr ein, im Bild der Frau Spuren Gottes zu entdecken. Genau in diesem beschriebenen Frauenalltag ist Gott zu finden. Gleichnisse sind interaktive Geschehnisse, Prozesse. Im Erzählen, Vorlesen will das Gleichnis den Zuhörer und besonders die Zuhörerin aktiv hineinnehmen in einen lebendigen Vorgang. In diesem Sinn ermutigt das Gleichnis, sich selbst mit der eigenen Lebensgeschichte ins Spiel zu bringen.

Das Gleichnis von der verlorenen Drachme erzählt in unterschiedlichen Facetten, wie die Frau mit Verlieren und Finden umgeht. Alle im Folgenden beschriebenen Aspekte sind Teile des Gottesbildes, eines Gottes im Bild einer suchenden Frau:

*1. Was verloren ist, muss nicht verloren bleiben*
Verloren sein bedeutet hier nichts anderes als abgesondert sein, davon getrennt sein, wo das Verlorene eigentlich hingehört. Auf menschliches Leben übertragen kann das heißen: Getrennt von dem sein, was mich leben lässt: die Gemeinschaft mit anderen und mit Gott. Endgültig verloren ist nur das, was aufgegeben wird. Gott im Bild dieser Hausfrau gibt nicht auf. Auch wenn Menschen manchmal den Eindruck haben, gilt bei Gott: Was verloren ist, muss nicht verloren bleiben.

*2. Bei Gott zählt auch das Kleine*
Die Drachme im Gleichnis mag für manche vordergründig gesehen klein und unbedeutend sein. Bedeutung erlangt diese Drachme nicht objektiv und allgemein, sondern v.a. für diese Frau. Die Drachme ist wichtig für ihr Leben. Eine mögliche Deutung dieses Bildes ist die Bedeutung jedes Menschen bei Gott: So kostbar und wertvoll die eine Drachme für die Hausfrau ist, so kostbar ist jeder Mensch.

*3. Mit unermüdlichem Eifer*
Die suchende Frau hat etwas Unermüdliches und Beharrliches an sich. Sie gibt nicht gleich auf und macht sich unter schlechten Rahmenbedingungen auf die Suche, setzt Energie und Phantasie ein, mit ihren bescheidenen Mitteln das verlorene Geldstück zu finden. Wenn Gott so eifrig auf der Suche nach allem Verlorenen ist wie die Frau nach der verlorenen Drachme, dürfen wir gelassen unseren Lebensweg gestalten. Auf diesem Weg gibt es immer wieder Irrwege und Untiefen, Sackgassen, scheinbar ohne Ausweg. Gott selbst ist es dann, der hier im Bild der

suchenden Hausfrau an die Arbeit geht. Eher vertraut ist es uns andersherum: Wir Menschen sind auf der Suche nach Gott und wenn es eifrig genug geschieht, werden wir Gott finden: „Du wirst Gott auch finden, wenn du dich mit ganzem Herzen und ganzer Seele um ihn bemühst." (Dtn 4,29b) Solche Stellen sind bekannt und prägen Wirkungsgeschichte von Glaubensverständnis. Damit werden z. B. Menschen kleingehalten, sogar mit Schuldgefühlen belastet nach dem Motto: Wer Gott nicht findet, hat sich nicht genug bemüht.

Demgegenüber kennt die Bibel – wie die beschriebenen Gleichnisse – die andere Perspektive:

*Gott schickt einen Engel zu Elija in die Wüste, obwohl er mit seinem Leben abgeschlossen hat (vgl. 1Kön 19) oder Gott schaut nach Hagar und sucht sie an der Quelle auf (vgl. Gen 16).*

Im Gleichnis von der verlorenen Drachme wird diese Perspektive aufgegriffen: Gott bewegt sich auf den verlorenen Menschen zu, liebende Zuwendung, intensives Suchen zeigt, dass Gott den ersten Schritt geht. Diese Erfahrung durften in besonderer Weise Menschen machen, denen sich Jesus von Nazaret zugewandt hat, auch wenn sie als „verloren" galten. (Die Deutung auf die Umkehr hin, die im letzten Satz des Gleichnisses zu lesen ist, dürfte übrigens eher lukanische Deutung sein, als Ursprungstext des Gleichnisses. Inhaltlich ist dieser Satz eindeutig ein Bruch zu dem vorangehenden Gleichnis, denn eine Münze kann ja wohl nicht umkehren.)

*4. Typisch Frau!*

Die Suche der Frau bleibt nicht erfolglos. Ihre Mühe wird belohnt. Sie findet das Verlorene. Ihre Freude darüber ist so groß, dass sie andere daran teilhaben lässt. Frauen haben eine besondere Gabe, andere Frauen an ihren Nöten und Sorgen, aber auch an Erfolg und Freude teilhaben zu lassen. Wo immer Frauen zusammen leben oder zusammentreffen, entstehen häufig Gespräche. Im Gleichnis hat es schon Festcharakter, die Freundinnen und Nachbarinnen zusammenzurufen. Sie dürfen sich mitfreuen.

In diesem Akzent des Gottesbildes steckt etwas Dynamisches. Durch Suchen und Finden gerät etwas in Bewegung, Menschen nehmen aneinander teil, feiern miteinander, freuen sich. Gottes Freude strahlt aus, will nicht bei sich bleiben. Gott zeigt sich mit Emotion, die Freude geht aufs Ganze: Überall dort, wo zusammenfindet, was zusammengehört, kann Gott sich freuen. Alle dürfen daran Anteil nehmen, die in Beziehung stehen. Nachbarinnen und Freundinnen sind all die, die zu Gott in Beziehung stehen, enger oder näher, alle, die sich nicht abwenden, verstecken oder „verloren" sind: Sie können sich (noch) nicht mitfreuen, weil sie keine Verbindung zum Geschehen haben. Aber: Genau sie sind es, die Gott am Herzen liegen, sie dürfen sich finden lassen, weil sie gesucht werden.

## *Bibelarbeit: Von der Suche zum Fest*

### 1. Einführung

Die Teilnehmerinnen sitzen im Stuhlkreis, die Mitte wird mit dunklen Tüchern gestaltet. Darauf liegt die Postkarte „Die verlorene Drachme aus Zaire". Alle Teilnehmerinnen haben die Postkarte und ein Liedblatt auf ihrem Platz.

▷ Zu Beginn wird gemeinsames das Lied „Einsam bist du klein" gesungen.

▷ Anschließend werden die Teilnehmerinnen eingeladen, die Karte zu beschreiben. (Eine Leiterin schreibt die geäußerten Gedanken mit.)

### 2. Beschäftigung mit dem Bibeltext

▷ Der 1. Vers des Gleichnisses wird gelesen.

▷ Kurze Sachinformation der Leiterin (Impuls) über die Bedeutung der Drachme (siehe Bd. 4 Frauendinge S. 26f): Die Drachme hat existenzielle Bedeutung, ist unter Umständen lebenswichtig für die Frau.

▷ Die TN erhalten einen Arbeitsauftrag in Zweiergruppen; die Fragen sind auf einem Blatt notiert:
- Was bestimmt meinen Alltag? Womit verbringe ich meine Zeit?
- Was ist mir in meinem Alltag verlorengegangen, ist mir aber wichtig?
- Was ist für mich so wichtig, dass ich danach suche?

Die TN erhalten drei verschiedenfarbige Papierstreifen und werden gebeten, jeweils zu einer Frage auf eine festgelegte Farbe Stichworte auf Papierstreifen zu notieren.

▷ Im Plenum werden die Themen vorgetragen, dazu die jeweiligen Notizen in die Mitte gelegt.
Die TN hören nun das ganze Gleichnis. Sie werden eingeladen, mit Teelichtern in Gläsern das Bild in der dunklen Mitte zu erhellen.

### 3. Das Gottesbild wahrnehmen

▷ Gespräch im Plenum: Das Gleichnis ist ein Gleichnis für das Handeln Gottes. Von Gott wird erzählt im Bild einer Hausfrau. Die TN versuchen miteinander ins Gespräch zu kommen, wie sich Gott in diesem Bild zeigt. (Inhaltliche Impulse s. Artikel oben.)

▷ Die Frauen erleben das Gleichnis als Ermunterung auf ihrem spirituellen Weg: Gott zeigt sich im weiblichen Antlitz, Freude wird spürbar, die ansteckt, dialogisch ist, mitteilsam, im Fest erlebbar ist.

▷ Vertiefung: Gemeinsamer Kreistanz auf das Lied „Einsam bist du klein" um die Mitte:
- „Einsam bist du klein": TN im Kreis, jede für sich, klein am Boden
- „aber gemeinsam werden wir Anwalt des Lebendigen sein": TN stehen auf, fassen durch und gehen in Tanzrichtung

– „Einsam bist du klein“: Hände lösen, nach unten, klein machen
– „aber gemeinsam werden wir Anwalt des Lebendigen sein“: s.o.
– „Einsam bist du klein“: s.o., dann gleich unten bleiben für Zeile 1

Bei größeren Gruppen kann als Kanon mit mehreren Kreisen ineinander getanzt/gesungen werden.

▷ Abschluss: Eine Leiterin bittet, nochmals die Bildkarte zur Hand zu nehmen. Sie liest die beschreibenden Gedanken vom Anfang vor oder folgenden Meditationstext:

*Frauenalltag ist Gottes All-Tag*

Frauenalltag in biblischer Zeit
Eine Frau auf der Suche
In gebückter Haltung
Barfuß
Ein kleiner Handbesen
Frauenalltag im Haushalt
Ein fensterloses Haus
Suchen und finden
Unermüdlich
Arbeit, die nie endet
Armut
Lebensnotwendige Münze
Suchen und finden
Ein Fest
Miteinander
Gottes Fest

Frauenalltag heute in Afrika
Eine Frau auf der Suche
In gebückter Haltung
Barfuß
Ein kleiner Handbesen
Frauenalltag im Haushalt
Eine kleine Hütte
Suchen und finden
Unermüdlich
Arbeit, die nie endet
Armut
Lebensnotwendige Münze
Suchen und finden
Ein Fest
Miteinander
Gottes Fest

*Abb. 1:* Kamba Luesa, Zaire: Die verlorene Drachme

Frauenalltag heute
Eine Frau auf der Suche
Manchmal niedergedrückt
Schuhe an den Füßen
Mode und Schönheitsideale
Fragen und suchen
Beruf und Kinder
Haushalt und Freizeit
Armut und Reichtum
Müde
Suchen
Nach Lebensnotwendigem
Suchen und finden
Ein Fest
Gottes Fest

*Beate Brielmaier*

## Einsam bist du klein

*Text: Friedrich Karl Barth/Peter Horst, Musik: Peter Janssens, aus: Ich liebe das Leben, 1981*

*Marlis Gielen*

# Unverhüllt zu Gott beten?

Bibelarbeit zu 1 Kor 11,2–16

1 Kor 11,2–16 ist ein Text, an dem Christinnen unserer Zeit und Kultur sich stoßen. Er ruft bei ihnen Unverständnis und vielleicht auch Ärger hervor. Warum drängt Paulus so heftig darauf, dass Frauen im Gottesdienst im Unterschied zu den Männern ihren Kopf verhüllen? Warum fährt er bei seiner Argumentation so schweres Geschütz auf und bemüht gar die Schöpfungsordnung? Etwa weil er die Unterordnung der Frau unter den Mann ein für alle Mal festschreiben will? Paulus also als unverbesserlicher Chauvinist?

Um Paulus nicht allzu schnell und damit vielleicht auch ungerecht zu verurteilen, sind folgende Fragen zu klären:

- Welche Informationen besitzen wir aus der damaligen Gesellschaft und Kultur, um den konkreten Anlass des Streites zu erhellen?
- Was tun die Frauen in Korinth und warum?
- Welches Anliegen vertritt Paulus?

## *Der gesellschaftlich-kulturelle Hintergrund von 1 Kor 11,2–16*

Paulus kritisiert in 1 Kor 11,2–16, dass die Frauen der korinthischen Gemeinde im Gottesdienst beten und prophezeien, ohne ihren Kopf zu „verhüllen". Dies empfindet er offenkundig als Provokation. Dabei richtet sich seine Kritik danach aus, was in der Gesellschaft akzeptiert bzw. nicht akzeptiert ist. Wiederholt (VV. 4–6. 13–15) nämlich spricht er von „Ehre" bzw. „Schande". Für Paulus liegt die Provokation also darin, dass die Frauen missachten, was in ihrer Gesellschaft und Kultur als typisch weiblich (bzw. typisch männlich) gilt.

Als *konkreten Anlass* für das Einschreiten des Paulus in 1 Kor 11,2–16 vermutet man zumeist, dass die Frauen sich geweigert hätten, im Gottesdienst eine Kopfbedeckung (Kopftuch oder Schleier) zu tragen. Allerdings besitzt diese Erklärung einen Schönheitsfehler. Denn die zeitgenössischen Informationsquellen machen eines ganz deutlich: Eine Kopfbedeckung galt weder im Alltag noch im Bereich der Religionsausübung als eindeutig weibliches Geschlechtsrollensymbol. Zwar sagt Plutarch (ein griechischer Schriftsteller des 1. Jhds. n. Chr.), dass es im römischen Kulturkreis (wozu auch Korinth zählte) für Frauen üblicher war, verhüllt in die Öffentlichkeit zu gehen, für Männer dagegen unverhüllt. Doch zeigt schon die Formulierung, dass für Frauen keineswegs eine Pflicht bestand, sich in der Öffentlichkeit nur mit bedecktem Haupt zu zeigen. Andererseits war auch, wenn wir Plutarch Glauben schenken, eine Kopfbedeckung für den Mann gesellschaftlich durchaus nicht verpönt.

Dabei spielte gewiss auch folgender Gesichtspunkt eine Rolle: In Gegenden, die über weite Strecken des Jahres klimatisch hohe Temperaturen aufweisen, dürfte sich schon aus medizinischen Gründen eine Kopfbedeckung nicht zu einem eindeutig männlichen oder weiblichen Geschlechtsrollensymbol entwickeln. Allenfalls könnte dies für die Art der Kopfbedeckung gelten. Doch sprechen hier unsere Informationsquellen unterschiedslos von einer Verhüllung, und zwar durch das über den Kopf gezogene Obergewand (Toga). Im religiösen Bereich war diese Art der Kopfbedeckung, wie z. B. die Darstellung auf dem Friedensaltar des Augustus belegt, ebenfalls für Männer und Frauen üblich. Wesentliche Unterschiede bestehen auch nicht zum jüdischen Kulturkreis. Nur gab es hier eine Verpflichtung für die Frauen, sich in der Öffentlichkeit mit bedecktem Haupt zu zeigen.

Die Ablehnung einer Kopfbedeckung durch die Frauen der korinthischen Gemeinde konnte vor diesem Hintergrund wohl kaum als Verstoß gegen ein gesellschaftlich akzeptiertes Symbol des Frauseins verstanden werden. Zudem fällt auf, dass Paulus im griechischen Originaltext nirgendwo vom „Kopftuch“ oder „Schleier“ spricht. Er formuliert viel offener. Dies trifft besonders auf die Aussage über die Männer in V. 4 zu („etwas von Kopf herab habend“). Bezogen auf die Frauen spricht Paulus von „mit unverhülltem Kopf“ (V. 5a), sich (nicht) verhüllen“ (V. 6) und von „unverhüllt“ (V. 13). Zugleich lenkt er in den VV. 5b.6.14f das Interesse auf die Haare. So dreht sich in VV. 5b.6 alles um den Gegensatz radikale Entfernung der Haare durch Schere bzw. Messer oder ehrenvolle Verhüllung. In VV. 14f argumentiert Paulus ganz selbstverständlich mit dem kurzen Haar als eindeutig männlichem Geschlechtsrollensymbol und mit dem langen Haar (dank seiner verhüllenden Funktion, „Hülle“ V. 14f) als eindeutig weiblichem Geschlechtsrollensymbol. Diese Bewertung bestätigen im Übrigen seine Zeitgenossen Plutarch und Phaedrus, für die Kurzhaar den Mann bezeichnen kann. Wahrscheinlich haben sich die korinthischen Frauen eine als typisch männlich geltende Kurzhaarfrisur zugelegt.

## *Der Grund für das ungewöhnliche Verhalten der korinthischen Frauen*

Warum aber entschieden sich Frauen der korinthischen Gemeinde zu diesem außergewöhnlich Schritt? Auslöser war wohl ihr Wissen um eine urchristliche Überlieferung, die auch Paulus selbst in Gal 3,28 zitiert. Diese Überlieferung betont die neue Existenz, die die Christen durch ihre Taufe in Christus Jesus gewonnen haben. In ihr sind demnach alle religiösen, sozialen und geschlechtlichen Unterschiede bedeutungslos. 1 Kor 7,17–24 und 12,13 deuten auf die Kenntnis der Überlieferung in Korinth hin.

In ein solches Denken fügt sich auch hervorragend das Verhalten der korinthischen Frauen. Mit ihrer Kurzhaarfrisur entschieden sie sich bewusst für ein typisch männliches Geschlechtsrollensymbol. Eben damit wollten sie offenbar die Aufhebung der geschlechtlichen Unterschiede „in Christus" auch nach außen erkennbar zeigen. Bezeichnend ist freilich, dass sie dabei das „nicht mehr männlich und weiblich" von Gal 3,28 als „nur noch männlich" auslegten. Dies allerdings ist verständlich innerhalb der männerzentrierten Gesellschaft, in der sie lebten. Denn gerade durch die Übernahme eines männlichen Geschlechtsrollensymbols konnten die korinthischen Christinnen zu erkennen geben, dass sie nicht nur die geschlechtlichen Unterschiede, sondern auch ihre damit verbundene Benachteiligung durch ihre neue Existenz „in Christus" als überwunden betrachteten.

## *Die Anliegen des Paulus*

Was Paulus sagt, klingt zunächst sehr hart und kompromisslos. Doch geht es ihm nicht darum, die gleichberechtigte Stellung der Frauen im Gottesdienst anzutasten. (1 Kor 14,33b–36 widerspricht dem nicht. Denn dieser Abschnitt stammt nicht aus der Feder des Paulus. Er wurde erst etwa zwei Generationen später eingefügt und entspricht dem Frauenbild der sogenannten Pastoralbriefe; vgl. 1 Tim 2,9–15.) Ganz selbstverständlich stimmt Paulus mit der Gemeinde darin überein, dass Männer wie Frauen im Gottesdienst dieselben Aufgaben (Beten und Prophezeien) verrichten dürfen (VV. 4–5a). Dies ist vor allem im Fall der Prophetie bedeutsam. Denn für Paulus hat gerade diese Geistesgabe einen besonders hohen Stellenwert, da sie zum Aufbau der Gemeinde beiträgt (1 Kor 14,1-25). Die Auseinandersetzung geht allein um die Frage, wie, und das heißt wohl konkret mit welcher Frisur Männer und Frauen beten und prophezeien. Hier besteht Paulus darauf, die Unterschiede in der Geschlechtsrollensymbolik zu wahren. Seine Argumente dafür legt er in den VV. 3.7–11 offen.

In V. 3 schärft Paulus zunächst die abgestuften Beziehungen zwischen Gott, Christus, Mann und Frau ein. Diese Aussage steht zum einen in Beziehung zum Bekenntnis zu Gott, dem Schöpfer, und Christus, dem Schöpfungsmittler (1 Kor 8,6). Zum anderen macht sich schon hier sein Verständnis der 2. Schöpfungserzählung Gen 2,4b–24 bemerkbar, das Paulus in den VV. 7–9 darlegt.
Dieses Verständnis ist nun ganz von der im damaligen Judentum gängigen Interpretation bestimmt. Der damit gegebene schöpfungstheologische Hintergrund von V. 3 empfiehlt es, das Bild vom Haupt im Sinn des Ursprungs zu verstehen. Damit lassen sich die genannten Beziehungen genauer bestimmen: Gott ist das Haupt Christi, denn Christus ist aus Gott. Christus ist das Haupt des Mannes, denn der Mann ist durch Christus. Der Mann schließlich ist Haupt der Frau, denn die Frau wurde nach Gen 2 aus ihm, der selbst Geschöpf ist, geschaffen. Damit verdanken Mann und Frau ihr Sein Gott, dem Schöpfer, und Christus, dem Schöpfungsmittler. Als Geschöpfe sind sie also gleichgestellt. Doch ist der Mann als Haupt der Frau dieser rangmäßig vorgeordnet, weil er zeitlich vor ihr geschaffen wurde. Diesen Gedanken wiederholt Paulus noch einmal ausdrücklich in den VV. 8f. In seiner Argumentation dienen sie der Begründung von V. 7, der die Aussage von der Gottebenbildlichkeit des Menschen aus Gen 1,26f aufgreift.
V. 7 begründet nun seinerseits die Unterscheidung zwischen männlicher und weiblicher Geschlechtsrollensymbolik damit, dass der Mann Bild und Abglanz Gottes ist, die Frau

aber nur Abglanz des Mannes. Damit wird der Frau in 1 Kor 11,7 nicht die Gottebenbildlichkeit abgesprochen. Nur verläuft der ihr eigene Widerschein göttlicher Herrlichkeit mittelbar über den Mann. Dies bedeutet aber keine Herabsetzung ihrer Würde. Denn Paulus argumentiert ja in V. 8 gerade von Gen 2,21–23 her, wonach die Frau als einziges Lebewesen dem Mann ebenbürtig ist. Vielmehr geht es Paulus in den VV. 7–9, wie schon in V. 3, um die zeitliche Abfolge (Ersterschaffung des Mannes). Hiervon leitet er die Zuordnung der Geschlechter gerade in ihrer Verschiedenheit ab.

In V. 10 folgert Paulus daraus die Notwendigkeit eines Verhaltens der Frau, das ihrer Frauenrolle entspricht. Konkret will Paulus sie wohl zum Tragen langer Haare verpflichten. Dies soll zeigen, dass sie die Kontrolle über sich selbst bewahrt. Paulus begründet dies mit den Engeln, die er hier wohl in ihrer Funktion als im Gottesdienst anwesende Beobachter und Wächter über die Schöpfungsordnung versteht.

Die VV. 11f lenken die Aufmerksamkeit der Adressatinnen und Adressaten auf die „im Herrn“ geltende Erlösungsordnung, die neben die Schöpfungsordnung tritt. Sie bilden das Zentrum der paulinischen Argumentation. Grundlegend ist dabei folgender Gedanke: Die Erlösung in Jesus Christus gilt beiden Geschlechtern, Männern und Frauen gleichermaßen, aber sie hebt den Zusammenhang von Zeugung und Geburt, wie er durch die Schöpfungsordnung vorgegeben ist, nicht auf. Auch für die Christinnen und Christen, die in den paulinischen Gemeinden das „nicht mehr männlich und weiblich“ von Gal 3,28 ganz praktisch in der Gleichstellung bei ihren Aufgaben erleben, gilt weiterhin: Jede Frau ist von einem Mann gezeugt, d. h. sie ist nicht ohne den Mann, sondern aus ihm (vgl. VV. 11f). Ebenso ist jeder Mann von einer Frau geboren, d. h. er ist nicht ohne die Frau, sondern durch sie.

Weil sie also in ihrer schöpfungsgegebenen Unterscheidung aufeinander hingeordnet und angewiesen bleiben, muss der Mann als Mann und die Frau als Frau „im Herrn“ sein. Ebendies dokumentiert sich für Paulus in der gesellschaftlich-kulturell ausgeprägten Geschlechtsrollensymbolik, die es daher auch in den christlichen Gemeinden zu respektieren gilt. Weil aber gerade bei der Feier des Gottesdienstes das sensible Spannungsgefüge zwischen der in der Schöpfungsordnung begründeten Unterscheidung der Geschlechter und ihrer in der Erlösungsordnung begründeten Gleichrangigkeit am unmittelbarsten erfahrbar wird, zeigt sich für Paulus hier ganz besonders die Schädlichkeit des Verhaltens der korinthischen Frauen, die dieses Spannungsgefüge gefährden. Darum macht er seine Kritik auch exemplarisch am gottesdienstlichen Bereich fest (VV. 4f.13), ohne die Gleichheit von Mann und Frau bei der Ausübung gemeindlicher Aufgaben in Frage zu stellen.

## *Anregungen für einen zeitgemäßen Umgang mit dem Text*

Wenn wir heute 1 Kor 11,2–16 lesen, gelten unsere Sympathien zumeist dem Verhalten der korinthischen Frauen, die Stellungnahme des Paulus aber reizt zum Widerspruch. Denn sie erscheint kaum mehr überzeugend in einer Zeit, in der Geschlechtsrollensymbole, die früher gesellschaftlich akzeptiert waren, kritisch hinterfragt werden oder gar in Auflösung begriffen sind. Auch hat uns die moderne Bibelauslegung ein anderes, partnerschaftlich orientiertes Verständnis der Schöpfungserzählungen erschlossen, das sich vom Verständnis in 1 Kor 11,3.7–9 abhebt.

Doch sollten wir über den Schwierigkeiten, die der Text uns bereitet, nicht übersehen, dass Paulus und die korinthischen Gemeindemitglieder im entscheidenden Punkt übereinstimmen: *Dass* Männer und Frauen im Gottesdienst beten und prophezeien, ist kein Gegenstand der Diskussion, sondern sachliche Voraussetzung der Frage, *ob* dies unter Respektierung der gesellschaftlich-kulturell entstandenen Symbole des Frau- bzw. Mannseins zu geschehen hat. Denn für Paulus und seine Gemeinde zeigt sich in der aufgabenbezogenen Gleichstellung der Geschlechter das endzeitliche Wirken des Gottesgeistes und damit die Erfüllung der Verheißung von Joel 3. Die nachfolgenden Generationen jedoch waren sich, geprägt von ihren gegenläufigen gesellschaftlichen Erfahrungen, dieses Zusammenhanges nicht mehr bewusst. Und bis in die Mitte unseres Jahrhunderts blieb dieses Bewusstsein nahezu vollständig verschüttet.

## *Bibelarbeit*

### 1. Auf den Text zugehen

▷ Eine Teilnehmerin des Bibelkreises liest den Textabschnitt vor.
▷ Anschließend beschäftigen sich alle Teilnehmerinnen ca. 10 Minuten still damit. Sie notieren stichwortartig auf verschiedenfarbigen Zetteln die Aussage, die bei ihnen den größten Anstoß erregt (rot), die ihnen am unverständlichsten bleibt (blau) und die ihnen am besten gefällt (gelb). Die Zettel werden sichtbar für alle an eine Wand oder Tafel geheftet.

### 2. Den Text verstehen

▷ Die Teilnehmerinnen versuchen in Kleingruppen, die Struktur und die Aussagen des Textes zu verstehen. Dabei sollte die Leiterin ihre Aufmerksamkeit auf die Unterscheidung zwischen dem strittigen Sachproblem (VV. 4–6.13–15) und der Argumentation des Paulus (VV. 2f. 7–12.16) lenken (siehe die angefügte Skizze). Die Leiterin kann ein vorbereitetes Blatt mit den Überschriften verteilen, so dass die Teilnehmerinnen nur die Verse und die jeweiligen Aussagen einzutragen brauchen. Hilfreich könnte auch der Hinweis sein, einmal einen Blick in die Schöpfungserzählungen Gen 1f zu werfen.
▷ Im Anschluss daran gibt die Leiterin der Gruppe die benötigten Informationen zu Sachfragen (siehe oben: blaue Zettel), z. B. zum kulturgeschichtlichen Hintergrund von Frisur und Kopfbedeckung der Frau zur Zeit des Paulus, usw.
▷ Im gemeinsamen Gespräch versuchen die Teilnehmerinnen dann, die Situation in Korinth und das Anliegen des Paulus herauszuarbeiten.
▷ Zuletzt wird überprüft, welche roten Zettel entfernt werden können. Damit wird zugleich deutlich, ob und wo der Text für die Teilnehmerinnen noch widerständig bleibt.

## 3. Mit dem Text weitergehen

▷ Die Teilnehmerinnen überlegen je für sich, ob und wenn ja, welche gesellschaftlich akzeptierten Geschlechtsrollensymbole heute an die Stelle von Kopfbedeckung und/oder Frisur getreten sind bzw. treten könnten.

▷ Anschließend diskutieren sie miteinander über die Bedeutung der Geschlechtsrollensymbolik in Gesellschaft und Kirche heute und über ihre (möglichen) Auswirkungen für die aufgabenbezogene Gleichstellung von Frauen und Männern.

*Übersetzung 1 Kor 11,2–16 (Marlis Gielen)*

| Verse | Worum geht es in Korinth? | Wie argumentiert Paulus? |
|---|---|---|
| 2 | | Ich lobe euch aber, dass ihr in allem meiner gedenkt und die Überlieferungen festhaltet, wie ich sie euch überliefert habe. |
| 3 | | Ich will aber, dass ihr wisst, dass jedes Mannes Haupt Christus ist, Haupt aber einer Frau der Mann, Haupt Christi aber Gott. |
| 4 | Jeder Mann, der betet oder prophezeit und etwas vom Kopf herab hat, bringt Schande über seinen Kopf. | |
| 5 | Jede Frau aber, die betet oder prohezeit mit unverhülltem Kopf, bringt Schande über ihren Kopf. Ein und dasselbe nämlich ist sie wie eine Kahlrasierte. | |
| 6 | Wenn nämlich eine Frau sich nicht verhüllt, soll sie sich auch scheren lassen. Wenn es aber schändlich für eine Frau ist, sich scheren oder kahlrasieren zu lassen, soll sie sich verhüllen. | |
| 7 | | Ein Mann nämlich darf sich nicht verhüllen, da er Bild und Abglanz Gottes ist. Die Frau aber ist Abglanz des Mannes. |
| 8 | | Denn nicht ist der Mann aus der Frau, sondern die Frau aus dem Mann. |

| | | |
|---|---|---|
| 9 | | Und nicht wurde der Mann um der Frau willen geschaffen, sondern die Frau um des Mannes willen. |
| 10 | | Deshalb muss die Frau Gewalt haben über ihren Kopf wegen der Engel. |
| 11 | | Jedoch ist weder die Frau ohne den Mann noch der Mann ohne die Frau im Herrn. |
| 12 | | Wie nämlich die Frau aus dem Mann ist, so auch der Mann durch die Frau. Alles aber ist aus Gott. |
| 13 | Urteilt bei euch selbst: Gehört es sich, dass eine Frau unverhüllt zu Gott betet? | |
| 14f | Lehrt euch nicht die Natur selbst, dass es für den Mann eine Schande ist, wenn er langes Haar trägt, dass es für eine Frau aber eine Ehre ist, wenn sie langes Haar trägt, denn das lange Haar ist ihr als Hülle gegeben. | |
| 16 | | Wenn aber einer meint, streitsüchtig zu sein: Wir haben einen solchen Brauch nicht und auch nicht die Gemeinden Gottes. |

*Margret Peek-Horn*

# Mutter, Schwester, Freundin Geist

Bibelarbeit zu ruach, der Geistkraft Gottes im Alten Testament

Der Gott der Bibel hat neben den vorrangigen männlichen und väterlichen Zügen und Äußerungen auch frauliche und mütterliche Aufgaben. Wo von der Lebenskraft Gottes in lebensfördernden und schöpferischen Zusammenhängen geredet wird, gebraucht das Alte Testament weibliche Wörter und redet u. a. von der ruach, der Geistkraft Gottes. Sie ist ein Geschehen, in dem Gott handelt und handeln macht, und zwar Leben, Beziehung, Gemeinschaft schaffend. Geist Gottes ersetzt dabei nicht das Leben der Welt und der Menschen und deren Initiative, sondern ermächtigt sie und befähigt sie, durch Teilhabe an Gottes Lebensfülle selbst zu gehen, zu hören, zu heilen, zu lieben, zu leben. ruach ist ein Wort der Beziehung, der dynamischen Gottbezogenheit des Menschen. Sie ist Botin und verbindet Himmel und Erde. Von der Vielfalt des Lebens im Lebenszusammenhang Gottes, von seinem Woher, Wohin, Wozu, von seiner Kraft und seinem Sinn erzählen die vielfältigen Bildworte von ruach.

Diese femininen Erfahrungen Gottes sind in der Regel leise, verborgen, geheimnisvoll, wirken von innen nach außen. Sie sind heilsam für das Denken und Reden von Gott und wohltuend für das Leben und das Glauben von Frauen, deren Ganzheitlichkeit, Erd- und Lebensbezug oft so wenig geschätzt werden und sich selten auswirken können in der Wahrnehmung und Gestaltung von Welt, Gesellschaft und Kirche.

## *Ruach-Geschichten heute*

### *Wasser in der Wüste*

Tagelang sind wir schon auf einem Geländewagen durch Wadis der holprigen und heißen Felswüste des südlichen Sinai gefahren. Längst haben Staub und Hitze das Gesicht verklebt, den Mund ausgedorrt. Die Augen brennen. Keiner redet. Plötzlich dringt ein fremder Geruch in meine Nase. Die Luft riecht anders, frisch und kühl. Neben dem Wagen tauchen ein paar vereinzelte Pflanzen auf, dann mehr und immer mehr. Die Steine und Sandbrocken am Fuß des Wadis sind auf einmal dunkler gefärbt. Und da, ganz deutlich, eine feuchte Mulde, schließlich ein Wasserrinnsal. Es wird schnell breiter und tiefer. Und plötzlich stehen wir vor einem großen Wasserloch in einer Felsnische. Wir sehen und riechen und fühlen kühles, blau-grün schimmerndes, klares Wasser. Wir beugen uns zu ihm herunter, stecken einen Finger, die ganze Hand hinein, benetzen Stirn und Gesicht, geben voll Freude den hinter uns Stehenden ein paar Tropfen an unseren Fingern weiter. Dann schauen wir hoch und umher: Da wachsen Bäume, da stehen Palmen, da hinten ist auch ein Feld.

*Jes 32,15–18: Wenn aber die ruach aus der Höhe über uns ausgegossen wird, dann wird die Wüste zum Garten, und der Garten wird zum Wald. In der Wüste wohnt das Recht, die Gerechtigkeit weilt in den Gärten ... Mein Volk wird an einer Stätte des Friedens wohnen, in sicheren Wohnungen, an stillen ruhigen Plätzen.*

*Jes 44,3–5: Ich gieße Wasser auf den dürstenden Boden, rieselnde Bäche auf das trockene Land. Ich gieße meine ruach über deine Nachkommen aus und meinen Segen über deine Kinder. Dann sprossen sie auf wie das Schilfgras, wie Weidenbäume an Wassergräben.*

*Ein Sturm bricht los*

Es ist Ende Oktober. Überlang dauerte die Trockenzeit des Sommers. Die Erde schreit mit tiefen, bis ins Innerste ausgetrockneten Rissen nach Regen. Die Luft steht und scheint tot. Bäume, Menschen und Tiere bewegen sich kaum, warten mit einem kleinen Rest Leben auf den Regen, den Wiederbeginn des Lebens, des Wachstums. Aber der erste lebensnotwendige Regen kann vernichtend sein in seiner Gewalt. Plötzlich erfasst mich von hinten, von der Wüste her, ein Windstoß, ihm folgt ganz schnell ein zweiter. Jetzt rollt der Wüstenwind schon Staub und Distelknäuel vor sich her Der Sturm erfasst alles, dreht sich, ist überall.

Und dann eine gewaltige Stille. Und da bricht auch schon der Hagel und Regen los, es hämmert und schüttet gewaltig, als würden ganze Eimer ausgegossen. Ich suche Schutz unter einem Tor. An mir fließen Wasserfluten vorbei den Berg herunter. Auf ihnen schwimmen Kisten, ein Schuh, ein Ball, allerlei Grünzeug. Nach 10 Minuten ist alles vorbei. Die Sonne scheint. Die Luft ist leicht und freundlich. Vor mir unten liegt klar und gereinigt die Altstadt von Jerusalem. Die Menschen kommen wieder auf die Straße, winken und rufen sich zu. Der Winter mit Aussaat, Wachstum und neuem Leben hat begonnen.

In der Bibel spricht der Prophet Ezechiel (Ez 13,1–16, bes. 13 f.): *So spricht der Gott Jahwe: Ich lasse in meinem Zorn einen Sturm (ruach) losbrechen, in meinem Groll schicke ich einen Wolkenbruch, in meinem Zorn einen verheerenden Hagelschlag. Ich reiße die Wand ein, die ihr übertüncht habt, ich lasse sie zu Boden stürzen, und ihr Fundament wird bloßgelegt. Und wenn sie einstürzt, werdet ihr in ihren Trümmern umkommen. Dann werdet ihr erkennen, dass ich Jahwe bin.*

*Jes 59,19–21: Ja, er kommt, wie ein reißender Strom, den der Sturm (ruach) Jahwes vor sich hertreibt. Doch für Zion kommt er als Retter, und für alle in Jakob, die umkehren von ihrer Sünde. Spruch Jahwes: Das ist der Bund, den ich mit ihnen schließe, spricht Jahwe: Meine ruach, die auf dir ruht, soll nicht von dir weichen, und meine Worte, die ich dir in den Mund gelegt habe, sollen immer in deinem Mund bleiben ...*

*Ruach als bewegende Lebenskraft in Wind und Atem*
Das Wort ruach ist kein Begriff für eine verstandene Sache, sondern in ihm sind wie in einem Brennglas Erfahrungen von der von Gott ausgehenden, Welt und Mensch verändernden Kraft und Lebensmacht in Geschichten versammelt, gebündelt und verdichtet. Die Erfahrungsworte vom Geist Gottes sind vor allem getragen von der elementaren Erfahrung bewegter, alles bewegender Luft. Sie zeigt sich als Lebenskraft vor allem im Wind und im Atem.

Wind erfahren:
- vom leisen Säuseln bis zum heftigen, vernichtenden oder reinigenden Sturm; vom lebenspendenden Wind aus dem Westen bis zum heißen Chamsin, dem glutheißen Ostwind aus der syrisch-arabischen Wüste, der die Erde ausdörrt,
- vom Wind, der in verschiedener Stärke die Menschen überkommt: wie ein Windstoß, der eindringt, aufweckt, wegträgt oder wie leiser, säuselnder Wind, der sich still auf alles legt, oder wie der Windbraus, der über der Chaosmacht der Urflut am Anfang webt und schwebt (Gen 1,2).

Atem erfahren:
Atem macht den Menschen lebendig. Er ist ihm eingehaucht von Gott, geht in ihn ein, hält ihn am Leben, Der Mensch ist nicht Herr seines Lebens. Das, woraus er lebt, worauf er zutiefst angewiesen ist, muss ihm ständig neu zukommen. Alles, was ihn angeht, berührt, betrifft, das drückt sich in seinem Atem aus: Furcht, Zorn, Trauer, Freude. Und wenn der Mensch seine ruach aushaucht (Ps 31,6; Lk 23,46 ) und stirbt, gibt er Gott zurück, was sein ist.

Wind und Atem geben menschliche Erfahrungen der wirkmächtigen, lebenschaffenden, heil- und neumachenden, verändernden Kraft Gottes wieder. Wind und Atem zeigen dabei besonders deutlich, dass ruach von innen und von außen wirkt und verändert, dass Gott uns nahe ist wie unser Atem und in uns atmet, so erfrischend und reinigend wie der Wind. Durch die ruach bekommen wir mit Gott in unserem Leben zu tun. Sie bewegt das Innerste des Menschen, der sich durch sie auf Gottes Nähe einlassen kann.

*Träume von Hoffenden in heilloser Zeit*
*(Ein Beispiel vom Wirken der ruach)*
Träume von einem Schluck frischen Wassers sind nie so kostbar und kühn wie beim Wanderer in der Wüste; Träume von Licht und Freiheit nirgends so drängend wie bei Gefangenen. Und Träume von einem König nach dem Herzen Gottes sind nirgends so gewagt wie bei Israel in der Fremde des babylonischen Exils: ohne Land und Tempel, ohne König und einen mächtig und siegreich sich zeigenden Gott. Da träumt man von einem Friedenskönig, der von Gottes ruach ermächtigt und getrieben, das tut, was Jahwe tut: sein Recht, seinen Frieden, seinen Willen aus- und aufrichten.

Jes 11,1–10 (bes. 1–4): *Doch aus dem Baumstumpf Isais wächst ein Reis hervor, ein junger Trieb aus seinen Wurzeln bringt Frucht. Die ruach Jahwe lässt sich nieder auf ihm: die ruach der Weisheit und der Einsicht, die ruach des Rates und der Stärke, die ruach der Erkenntnis und der Gottesfurcht. Er richtet nicht nach dem Augenschein, und nicht nach dem Hörensagen entscheidet er, sondern er richtet die Hilflosen gerecht, und entscheidet für die Armen des Landes, wie es recht ist. Er schlägt den Gewalttätigen mit dem Stock seines Wortes und tötet den Schuldigen mit der ruach seines Mundes.*

Jes 61,1: *Die ruach des Herrn Jahwe ruht auf mir, denn Jahwe hat mich gesalbt. Er hat mich gesandt, damit ich den Armen eine frohe Botschaft bringe, und alle heile, deren Herz zerbrochen ist, damit ich den Gefangenen die Entlassung verkünde, und den Gefesselten die Befreiung ...*

## *Vorschläge für Bibelarbeit und Gottesdienstvorbereitung*

### 1. Textarbeit in Gruppen

In kleinen Gruppen beschäftigt man sich mit oben angeführten unterschiedlichen Texten, die vom Wirken der ruach in unterschiedlichen Situationen und Bereichen erzählen oder träumen. Das kann geschehen unter der zugespitzten Fragestellung: „Wenn Gottes ruach, also Gott in seiner Lebenskompetenz als Frau, Mutter, Freundin, Schwester uns angeht, berührt und verändert, dann ...“

### 2. Kreative Umsetzung der Textarbeit

▷ Aus einem oder mehreren Pfingstliedern (z. B. GL 878, 250) werden Anrufungen zum Heiligen Geist groß auf einzelne A4-Blätter geschrieben: Rate, wo wir ratlos stehn; wasche, was beflecket ist; komm sei bei uns Armen Gast; wärme, was erkaltet ist; lenke, was da irre geht; halt uns, wo wir haltlos gehn; tränke, was da dürre steht; beuge, was verhärtet ist; sprich du, wo wir sprachlos flehn. Die Blätter werden auf dem Fußboden im Raum verteilt.
▷ Die Frauen gehen herum, suchen sich einen Zettel heraus, und setzen sich in den Kreis.
▷ Nach einer stillen Zeit des Nachdenkens benennt jede Erfahrungen, Situationen, an die sie ihr Satz erinnert. Wie erfuhr ich mich? Was traf mich? Wo lag meine Ohnmacht? usw. Diese Sätze und Erfahrungen dahinter können dann als Bausteine für einen Pfingstgottesdienst dienen. Sie werden von den Frauen entweder mit eigenen Texten oder Anrufungen weiter ausgestaltet.
▷ Metaphernmeditation: Geist Gottes, ruach Gottes ist wie ... (Beispiele: – eine

wortlose Umarmung nach heftigem Streit, – wie die ungeschützte Sehnsucht eines Kindes, – wie ein Lied von Sprachlosen ...). Eine Gruppe sitzt am Tisch mit einem großen Plakatkarton und Stiften. Jede schreibt an ihrer Ecke, möglichst schweigend. Ab und zu wird der Bogen gedreht. Man kann also auch die Bilder anderer fortschreiben. Hier liegt der Sinn weniger im späteren Vorlesen als in der eigenen Erfahrung und der Gemeinsamkeit des Tuns. Vorsicht: Keine Symbole, sondern Erfahrungen benennen!

▷ Eine Litanei zum Geist Gottes schreiben und als Fries kleben: Die Gruppe liest zuerst die im Anhang angefügte Litanei, die aus leicht zu erlernenden Anrufungen und einem Kehrvers besteht. Im Raum verteilt liegen Bilder, Fotos, aus denen sich jede eines auswählt. Auf die Rückseite einer längeren Tapetenbahn werden mit Abstand nebeneinander die Bilder geklebt und darunter eine Anrufung nach dem Muster der Litanei; also „Du ...“ Dieser Fries wird im Raum aufgehängt und zum Abschluss als Litanei gesungen. Man kann ihn auch in einem Gottesdienst verwenden.

*Litanei zur Heiligen Geistkraft*

Kehrvers: Sei gepriesen Gottes Geist, unser Licht und Leben (wird am Anfang und Ende der Strophen gebetet)
Antwortvers: Komm herab, du Heilige Geistkraft! (wird nach jeder Anrufung von allen gebetet)

Du ewige Liebe Gottes
Du Quelle allen Lebens
Du Geist der Wahrheit und der Heiligkeit

Du Offenbarerin der Geheimnisse Gottes
Du innere Erleuchtung des Verstandes
Du Führerin zur ewigen Freude

Du Spenderin aller Gnaden
Du Trösterin der Verlassenen
Du Mutter der Armen

Du Stärke des heiligen Volkes
Du Kraft zum Zeugnis der Wahrheit
Du Feuerbrand der Liebe

Du wahre Lehrerin unserer Erkenntnis
Du Licht im Dunkel der Sünde
Du Vollbringerin alles Guten

Du Ehre des Höchsten in unseren Seelen
Du geheimnisvolles Herz der Kirche Christi
Du Weg zum Herzen unserer Brüder und Schwestern
Du Geistkraft der Furcht des Herren
Du Freiheit der Kirche Gottes
Du Vollenderin der neuen Schöpfung.

LITERATUR

*Helen Schüngel-Straumann,* Ruah bewegt die Welt. Gottes schöpferische Lebenskraft in der Krisenzeit des Exils, SBS 151, Verlag Katholisches Bibelwerk, Stuttgart 1992.
*Margret Peek-Horn,* Geist Gottes im AT, in: ru 14 (1984) 52–57. Dort sind Grundlagen und detailliertere Ausführungen zum obigen Artikel zu finden.

## Mutter Geist

Lied + Kanon

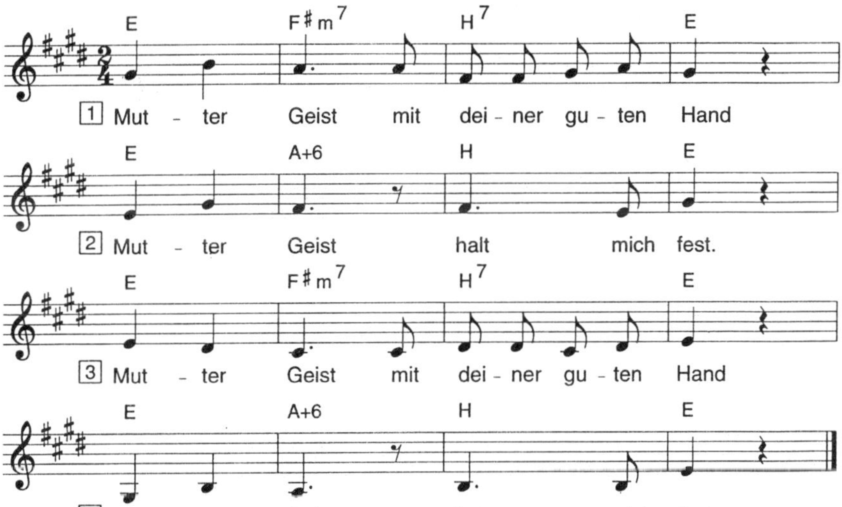


2. Schwester Geist -
mit deiner Fröhlichkeit
Schwester Geist
mach mich stark.

3. Freundin Geist -
mit deiner Zärtlichkeit
Freundin Geist
hüll mich ein.

*Text: Sybille Fritsch / Musik: Peter Janssens / aus: Und der Brunnen ist tief, 1987*

*Barbara D. Leicht*

# Zu Gott beten

Spirituelle Vertiefung von Bibelarbeiten im Gebet

Spirituelle Vertiefung der Bibelarbeit – heißt das, dass frau jetzt noch schnell „fromm“ wird am Ende? Nein, natürlich war Gott auch vorher schon „mit im Spiel“. Jetzt jedoch wird Gott nochmals ausdrücklich wahrgenommen und angesprochen.

Die Abschlussphase einer Bibelarbeit im Weitergehen mit dem Text meint, weitergehen mit mir, mit meinem Leben und mit Gott; meint, mit Gott ins Gespräch zu kommen im Dreieck: der Text, Gott und ich.

## *Gemeinsam beten*

Beten, die Verbindung zu Gott ganz bewusst aufnehmen, kann sich in ganz unterschiedlichen Formen äußern. Wie jede Beziehung findet auch die Beziehung zu Gott ihre eigenen Wege, die Bindung auszudrücken. Dies kann in Worten geschehen, in eigenen wie in vorgeformten, oder auch im Schweigen. Aber auch die Beziehung zu Gott hat ihre leibliche Dimension. Und so kann auch das Beten mit dem Leib, eine Geste oder ein Tanz ein Weg sein, mit Gott in Kontakt zu kommen.

In einer Gruppe gewinnen all diese Formen nochmals einen anderen Aspekt. Zumeist sind wir gewohnt, dass das Gebet eher in den privaten Rahmen gehört oder gemeinsam als liturgisches Gebet in der Kirche sich vollzieht. Der gemeinsame spirituelle Abschluss in einer Gruppe benötigt daher verschiedene Vorüberlegungen, die neben dem Raum und der zur Verfügung stehenden Zeit die Vertrautheit der Teilnehmerinnen untereinander einbeziehen sollten. Gemeinsames Gebet schafft Vertrautheit, setzt aber ebenso Vertrautheit und Offenheit voraus. Am Anfang kann es hilfreich sein, zwar einen gemeinsamen Abschluss zu setzen, jedoch in Stille, die jeder Teilnehmerin Raum für ihre eigenen Gedanken, Gefühle, Eindrücke lässt.

## *Raum für Gott*

Für die spirituelle Vertiefung der vorangegangenen Bibelarbeit ist es hilfreich, vorher nochmals den Blick durch den Raum schweifen zu lassen. Es kann gut sein, den Raum zu wechseln, vielleicht in die nahe Kapelle, aber es ist nicht notwendig. Dies trennt im Bewusstsein der Teilnehmerinnen oft die Bibel-„arbeit“ vom „heiligen Teil“. Im gleichen Raum zu bleiben verdeutlicht, dass auch das Tun vorher im Vertrauen auf die Geistkraft Gottes geschah. Gebet, Meditation, Bitten, Jubel, Zweifel, Dank haben ihren Platz nicht nur im „heiligen Kirchenraum“, sondern mitten im „ganz gewöhnlichen Leben“. Allerdings ist es oft eine Hilfe zur erneuten Sammlung, wenn vielleicht herumfliegende Arbeitsblätter eingesammelt, eine Mitte gestaltet (– wenn sie noch nicht vorhanden sein sollte –), oder eine Kerze entzündet wird. (Aber es sollte nicht das „Großreinemachen“ beginnen, als hätte Gott in der Unordnung keinen Platz. Nur so weit, wie es der Konzentration hilfreich ist. Manchmal ist gerade das entstandene - innere wie äußere - Chaos genau der Rahmen, um Gott einzuladen.)

## *Innere Räume*

Spirituelle Vertiefung benötigt nicht nur den äußeren Raum, sondern auch einen inneren „Ruhe-Raum“ aus genügend Zeit und Stille. Zur Einführung in diese Stille bieten sich Wahrnehmungsübungen an: Ich sitze auf dem Stuhl, spüre den Halt durch mein aufrechtes Sitzen. Ich habe Boden unter meinen Füßen. Ich nehme meinen Atem wahr, sein Ein- und Ausströmen. In der entstandenen Ruhe können dann die Gedanken kommen und gehen oder noch einmal gesammelt werden. Diese Wahrnehmungsübungen sind ein guter Einstieg, auch für geübtere Gruppen, zur spirituellen Vertiefung.

## *Ein Wort für mich*

Eine gute Form ist es, am Ende der Bibelarbeit noch einmal auf den Text zurückzukommen und nach dem vielleicht eher kopflastigen Umgehen mit dem Erzählten, oder der kreativen, eher assoziativen Art, die das ganze Umfeld des Textes mitbeachtet, nochmals nur den Text wirken zu lassen als Wort Gottes, das jeder Einzelnen zugesprochen wird. Dabei ist es selten der ganze Textabschnitt, der „hängen bleibt“, sondern ein einzelner Satz oder auch nur ein Wort. Zunächst hören die Teilnehmerinnen nochmals den Text, der langsam, mit Pausen vorgelesen wird. Je nach Textlänge kann es gut sein, den Text auszuteilen, oder nochmals, ebenso langsam, vorzulesen. Um dies zu vertiefen, gibt es verschiedene Möglichkeiten:

▷ In der Art des freien Psalmengebets spricht jede Teilnehmerin, die möchte, den Satz, das Wort, das für sie wichtig ist, ruhig in die Gruppe hinein. Reihenfolge oder Vollständigkeit sind nicht wesentlich. Einzelne Wörter mögen mehrfach vorkommen, andere gar nicht. Die Worte werden auch nicht kommentiert. Es entsteht so ein „Klangteppich“ aus dem Text, der das Wort Gottes für sich zu Wort kommen lässt. In einer größeren Runde kann es gut sein, nach 3–4 Äußerungen einen kurzen Liedruf, z. B. „Schweige und höre“ zu singen. Zum Abschluss wird der Text erneut gelesen oder von der Leiterin ein freies Gebet gesprochen.

- ▷ Bei längeren Texten hilft es, wenn die Teilnehmerinnen den Text nicht nur in die Hand bekommen, sondern ihren Satz auch auf eine kleine Karte schreiben. Auch hier werden das Wort, der Satz in die Gruppe gesagt, gleichzeitig jedoch der Zettel rund um die brennende Kerze in die Mitte gelegt. So wird der Klangteppich auch sichtbar.
- ▷ Leibhaftig beten: Die Teilnehmerinnen finden zu „ihrem" Wort oder Satz eine Geste, mit der sie das Wort Gottes auch körperlich ausdrücken möchten, eine Geste, mit der sie sich vielleicht an Gott wenden möchten aufgrund dieses Wortes. Dann wird der Text sehr langsam vorgelesen und jede Teilnehmerin bringt an der entsprechenden Stelle sehr bewusst ihre Geste zum Ausdruck. Dafür ist es gut, wenn die Teilnehmerinnen bereits beim Hören des Textes stehen. Manchmal hilft eine kurze Einführung, wie weit Gesten und Körperhaltungen auch Gebet sind. (Gerade im Gottesdienst drücken wir auch darin unsere Beziehung zu Gott aus.)
- ▷ Viele biblische Texte haben eine deutliche Zusage, Ermutigung Gottes, die sich dafür eignet, dass Teilnehmerinnen sie sich gegenseitig zusagen und so das Wort Gottes weitergeben. Dies gilt z. B. für viele Heilungserzählungen (vgl. Mk 5,41: „Talita kum! Mädchen, steh auf".) Hier kann die Leiterin einen wesentlichen Satz des Bibeltextes aufgreifen und ihn den Teilnehmerinnen zusagen oder je zwei Teilnehmerinnen stehen sich gegenüber und sagen sich gegenseitig die Zusage Gottes. Mit evtl. kleinen Abwandlungen wird dieser Satz zu einer Ermutigung Gottes an die Einzelne, die weiter begleitet. Auch hier ist es möglich, diese Ermutigung „leibhaftig" in Gesten auszudrücken. Dies wird für die Teilnehmerinnen intensiver, wenn die Leiterin den Satz ausspricht, und die Teilnehmerinnen ihn als Wort Gottes hören und ausdrücken, z. B. indem sie bewusst aufstehen, sich aufrichten und sich als aufrechter, von Gott so gewollter Frau nachspüren.

## *Mein Wort vor Gott*

Besonders wenn das vorangegangene Gespräch und der Umgang mit dem Text sehr intensiv war (und die Gruppe schon vertrauter miteinander ist), können die Erfahrungen, Fragen, Hoffnungen vor Gott in einem freien Gebet ausgesprochen werden. Hier werden die Teilnehmerinnen eingeladen, ihre Gedanken vor Gott auszusprechen. Die Leiterin erklärt zuvor kurz, dass es nicht um Diskussion geht, sondern um eigene Aussagen, Gedanken, die vor Gott hingestellt werden. Das müssen keine druckfertigen Sätze sein, auch keine langen Statements.

Eine solche Gebetsrunde kann eingeleitet werden mit der Frage: Was möchte ich Jesus (Christus) jetzt sagen?

## *Mich wiederfinden in den Worten anderer*

Zu Beginn eines freien Gebets kann es günstig sein, ein bereits formuliertes Gebet zu sprechen. In den letzten Jahren sind eine Fülle von (Frauen-)Gebetbüchern entstanden, die in aktueller Sprache heutige Lebenserfahrungen formulieren, z. B. Heidi Rosenstock / Hanne Köhler: Du Gott, Freundin der Menschen und Christa Peikert-Flaspöhler: Du träumst in mir, mein Gott. Ebenso kann ein solches Gebet eine Bibelarbeit vertiefen, ohne dass sich frei formuliertes Gebet der Teilnehmerinnen anschließt. Auch viele, gerade neuere geistliche Lieder bringen Erfahrungen, die biblische Texte ausdrücken, vor Gott ins Wort. So kann zum Abschluss ein Lied gesungen werden, in dem die Thematik der Bibelarbeit aufgegriffen wird. Zugleich können auch manche der Lieder gut in Gesten ausgedrückt werden. Auch hierfür gibt es inzwischen verschiedenste Veröffentlichungen, z. B. Marlies Ott: Bewegte Botschaft. Für Gruppen, die darin geübter sind, ist es jedoch intensiver, wenn sie zu den Liedern ihre eigenen Gesten entwickeln, die ausdrücken, was die Teilnehmerinnen empfinden. Dann kann schon der Prozess, in dem die Gesten entwickelt und ausprobiert werden, zum Gebet werden. Schon in der Suche nach den eigenen Gesten stellt sich die Frage: Was möchte ich Gott sagen?

LITERATUR

*Heidi Rosenstock / Hanne Köhler,* Du Gott, Freundin der Menschen. Neue Texte und Lieder für Andacht und Gottesdienst. Stuttgart: Kreuz Verlag 1991.

*Christa Peikert-Flaspöhler,* Du träumst in mir, mein Gott. Frauen beten. Limburg: Lahn-Verlag 3. Aufl. 1994.

*Marlies Ott,* Bewegte Botschaft. Liedtänze zum Tageskreis, Jahreskreis und Lebenskreis. (Buch mit CD), Verlag Eschbach/Theologischer Verlag 1996.

## Bildnachweis

Titelbilder: oben: Hans Siwik; links: Judäische Figurinen einer weiblichen Gottheit (um 700 v. Chr.), Foto: D. Harris, Bayard Presse International, Paris; Mitte: Darstellung der Heiligsten Dreifaltigkeit, Kirche Urschalling, Verlag Berger, Prien am Chiemsee; rechts: Vaticano, Capella Sistina, Michelangelo: Die Erschaffung Adams (Ausschnitt), Rechte: Musei Vaticani, Foto: A. Bracchetti/P. Zigrossi

### Zu: Gott zur Sprache bringen

Abb. 1: Keel, Othmar/Uehlinger, Christoph, Göttinnen, Götter und Gottessymbole. Neue Erkenntnisse zur Religionsgeschichte Kanaans und Israel aufgrund bislang unerschlossener ikonographischer Quellen Quaestiones disputatae Bd. 134. Verlag Herder, Freiburg, 4. Aufl. 1998, S. 31, Abb. 12b.

Abb. 2: Keel/Uehlinger, a.a.O., S. 63, Abb. 49.

Abb. 3: Keel/Uehlinger, a.a.O., S. 269, Abb. 235a.

Abb. 4: Keel/Uehlinger, a.a.O., S. 171, Abb. 177a.

Abb. 5: Keel/Uehlinger, a.a.O., S. 133, Abb. 139.

Abb. 6: Keel/Uehlinger, a.a.O., S. 383, Abb. 327b.

Abb. 7: Keel/Uehlinger, a.a.O., S. 373, Abb. 321a.

### Zu: „... und er schuf sie nach seinem Bilde“

Abb. 1: © King Features Syndicate. All rights reserved.
Abb. 2: © Sieger Köder, Ellwangen.
Abb. 3: © Dieter Franck, Schwäbisch Hall. Originalformat: 65 × 47 cm.
Abb. 4: Dom Hildesheim, Bernwardstür (um 1015), Detail, Zuführung Evas,
© Fotostudio Wehmeyer, Hildesheim.
Abb. 5: Dom Hildesheim, Bernwardstür (um 1015), Detail, Verurteilung Adams und Evas,
© Fotostudio Wehmeyer, Hildesheim.

### Zu: Offen für Weibliches

Abb. 1: Abb. 1: Keel, O./Uehlinger, Chr., Göttinnen, Götter und Gottessymbole. Neue Erkenntnisse zur Religionsgeschichte Kanaans und Israel aufgrund bislang unerschlossener ikonographischer Quellen, Verlag Herder Freiburg, Basel, Wien 1992, S. 75, Abb. 69.
Abb. 2: Keel/Uehlinger, a.a.O., S. 111, Abb. 121b.
Abb. 3: Keel/Uehlinger, a.a.O., S. 373, Abb. 321b.

### Zu: „Gott ist wie eine Mutter ...“

Abb. 1: Keel/Uehlinger, a.a.O., S. 379, Abb. 324.
Abb. 2: Keel/Uehlinger, a.a.O., S. 379, Abb. 325.
Abb. 3: Keel/Uehlinger, a.a.O., S. 383, Abb. 328.
Abb. 4: Keel/Uehlinger, a.a.O., S. 436, Abb. 364.

### Zu: Gott - eine Hausfrau?

Abb. 1: Kamba Luesa, Zaire, missio aktuell Verlag, Goethestraße 43, 52064 Aachen.

## Die Herausgeberinnen

*Dr. Bettina Eltrop,* Ostfildern, geb. 1961, Promotion über „Kinder im Matthäusevangelium", seit 1994 Referentin im Katholischen Bibelwerk e.V. in Stuttgart mit dem Schwerpunkt Redaktionen, Bibelarbeit mit Frauen, Familien, Bibel und Tanz

*Dipl. Theol. Anna-Elisabeth Hecht,* Stuttgart, geb. 1954, seit 1982 Referentin beim Katholischen Bibelwerk e.V. mit den Schwerpunkten: Kurse für Methoden der Bibelarbeit in Gruppen, vor allem text- und lebensbezogene Zugänge, wie erfahrungsorientierte Ansätze, Bibliodrama, Ausdruckstanz, Biblische Figuren

*Dr. Hedwig Lamberty-Zielinski,* Alfter, geb. 1957, Promotion über das Schilfmeermotiv im Alten Testament, seit 1990 Theologische Referentin für die Kath. Frauengemeinschaft im Erzbistum Köln, Supervisorin

*Dr. Gabriele Theuer,* Stuttgart, geb. 1965, Promotion im Alten Testament über Mondgottheiten im altsyrischen Raum und in Palästina, Referentin für den Grundkurs Bibel in der Diözese Rottenburg-Stuttgart, Tätigkeit in der biblischen Erwachsenenbildung

## Die Autorinnen

*Dipl.-Theol. Mechthild Alber,* bisher Referentin für Ehe und Familie bei der Diözese Rottenburg-Stuttgart, freie Referentin in der theologischen Erwachsenenbildung

*Dipl.-Theol., Dipl.-Psych. Annedore Barbier-Piepenbrock,* Bildungsreferentin für Frauenarbeit beim Katholischen Bildungswerk Stuttgart

*Dr. Ulrike Bechmann,* Stein, geb. 1958, Theologische Referentin und Geschäftsführerin des Deutschen Weltgebetstagskomitees

*Heike Bierschwale,* Münster, geb. 1973, Studentin der Katholischen Theologie und Germanistik

*Dipl.-Theol; Dipl. Soz. Päd (FH). Beate Brielmaier,* geb. 1964, Pastoralreferentin in Nürtingen, Diözese Rottenburg-Stuttgart

*Dr. Bettina Eltrop,* s.o.

*Prof. Dr. Marlis Gielen,* geb. 1959, seit 2000 Lehrstuhl für Neutestamentliche Bibelwissenschaft an der Universität Salzburg

*Dipl.-Theol. Anna-Elisabeth Hecht,* s.o.

*Dipl.-Theol. Barbara D. Leicht,* geb. 1963, Dipl. Bibliothekarin; Referentin beim Katholischen Bibelwerk Stuttgart

*Dr. Margret Peek-Horn,* geb. 1936, seit 1996 im vorzeitigen Ruhestand. Lehrtätigkeit im Fach Altes Testament an der Päd. Hochschule Neuss und den Universitäten Duisburg und Essen

*Helen Schüngel-Straumann,* geb. 1940, seit 1987 Professorin für Biblische Theologie an der Universität Gesamthochschule Kassel. Schwerpunkte: Altes Testament und Feminist. Theologie

*Dr. Gabriele Theuer,* s.o.

*Prof. Dr. Agnes Wuckelt,* Lichtenau, geb. 1949, seit 1986 Professorin für Religionspädagogik an der Katholischen Fachhochschule NW, Abteilung Paderborn, Fachbereich Theologie, Schwerpunkte: Bibeldidaktik, Genderforschung

## Der Redaktionskreis

*Dr. Ulrike Bechmann,* s.o.

*Dr. Bettina Eltrop,* s.o.

*Msgr. August Gordz,* Düsseldorf, geb. 1927, Pfarrer

*Dipl. Theol. Anneliese Hecht,* s.o.

*Doris Henseler,* Düsseldorf, Geschäftsführerin des Klens Verlag GmbH

*Dr. Hedwig Lamberty-Zielinski,* s.o.

*Hedi Pelletier,* Bitburg, geb. 1955, Pastoralreferentin, seit 1993 in der Frauenarbeit, geistliche Begleiterin der Kath. Frauengemeinschaft Deutschland im Dekanat Kyllburg/Eifel

*Annegret Puttkammer,* Wiesbaden, evangelische Pfarrerin in Wiesbaden-Dotzheim

*Dr. Gabriele Theuer,* s.o.

*Marliese Walter,* Schwendi/Oberschwaben, Hauswirtschafterin und Erwachsenenbildnerin, Schwerpunkte: Bibelarbeit in der Gemeinde, Frauenkreise und Trauerbegleitung

*Dipl. Theol. Herbert Wilfart,* Stuttgart, geb. 1948, Lektor im Verlag Katholisches Bibelwerk

# FrauenBibelArbeit

## Die Reihe für engagierte Frauen

### Die Themen der ersten fünf Bände

ISBN 3-460-25281-2

ISBN 3-460-25283-9

ISBN 3-460-25282-0

ISBN 3-460-25284-7

ISBN 3-460-25285-5

**Bibliographische Angaben**

Die Bände der Reihe erscheinen halbjährlich: Format: 14,5 x 21,0 cm; ca. 80 Seiten, kartoniert

### Die Themen der nächsten Bände

ISBN 3-460-25287-1

ISBN 3-460-25288-X